Nagerechten

Oorspronkelijke titel: Desserter
Vertaling: Gemma van de Poel
Hoofdredactie: Fon Zwart

ISBN 90 210 1270 7

© 1981 A/S Hjemmet
© 1984 Nederlandse uitgave:
Zomer & Keuning Boeken B.V., Ede

Niets uit deze uitgave mag worden verveelvoudigd en/of
openbaar gemaakt door middel van druk, fotokopie, microfilm
of op welke andere wijze ook, zonder voorafgaande
schriftelijke toestemming van de uitgever.

No part of this book may reproduced in any form by print,
photoprint, microfilm or any other means without written
permission from the publisher.

Deze uitgave is met de grootste zorgvuldigheid samengesteld.
Noch de maker, noch de uitgever stelt zich echter aansprakelijk
voor eventuele schade als gevolg van eventuele onjuistheden
en/of onvolledigheden in deze uitgave.

Nagerechten

Nagerechten

Bij de meeste mensen bestaat de dagelijkse maaltijd uit een hoofdgerecht en een eenvoudig toetje: verse vruchten, yoghurt of een ander kant en klaar toetje. Toch is het af en toe plezierig om uw tafelgenoten te verrassen met een verrukkelijk nagerecht, bij voorbeeld tijdens feestdagen of als u gasten hebt uitgenodigd. Het is echt niet zo moeilijk een tongstrelend nagerecht op tafel te zetten; het probleem is meer dat de fantasie te kort schiet om iets leuks te bedenken. Dit probleem kunt u oplossen door gebruik te maken van de ideeën en adviezen die u op de volgende bladzijden kunt vinden.

Het kiezen van een nagerecht

Het is erg belangrijk een nagerecht uit te zoeken dat een logisch vervolg is op de voorafgaande gangen, maar in het bijzonder moet het nagerecht met het hoofdgerecht harmoniëren. Kies een licht dessert, bij voorbeeld een sorbet of een nagerecht op basis van vruchten, na een zwaar en voedzaam hoofdgerecht. Daarentegen neemt u een wat substantiëler nagerecht, pudding of flensjes bij voorbeeld, als het hoofdgerecht niet zo voedzaam is.

Als algemene regel geldt dat u het gebruik van dezelfde hoofdingrediënten in hoofdgerecht en nagerecht tracht te vermijden. Geef bij voorbeeld nooit een dessert met slagroom als basis na een hoofdgerecht met roomsaus, of een appeltaart na bij voorbeeld varkensvlees met appelmoes. Vergeet ook het visuele aspect van de gerechten niet. Kies een nagerecht waarvan uiterlijk en kleuren duidelijk verschillen van die van het hoofdgerecht: geef dus nooit een donkergekleurd dessert als chocolademousse na een runderstoofpot.

Room

In de ingrediëntenlijsten bij elk recept worden drie verschillende soorten room genoemd. Slagroom, die ongeveer 35% vet bevat, koffieroom, met een vetpercentage van 20 en koffiemelk die 10% vet bevat.

Slagroom kloppen

Een eerste vereiste is dat de room die geklopt moet worden zeer koud dient te zijn. Het beste kunt u de room een nacht of minstens enkele uren in de koelkast zetten. Gebruik een kom met een ronde bodem en een peervormige metalen garde, een handmixer, een elektrische mixer of de garden van een keukenmachine. Met een garde klopt u vanaf de bodem van de kom naar boven, waarbij u zoveel mogelijk lucht door de room slaat. Gebruikt u een hand- of elektrische mixer, houd de garden dan iets schuin in de bovenste helft van de kom. Als u hoofdzakelijk onderin de kom klopt, kan de room onvoldoende in volume toenemen en is de kans groter dat u de room tot boter klopt. Over het algemeen zal het volume van de slagroom na het stijf kloppen verdubbeld zijn.

Eieren
Het is van belang dat u altijd verse eieren gebruikt voor het maken van een nagerecht. Twijfelt u aan de versheid van de eieren, breek ze dan stuk voor stuk in een kopje voordat u ze gaat gebruiken. Eieren variëren nogal in gewicht. Tenzij anders vermeld, gaan de recepten in dit boek uit van eieren nr. 2 of 3, met een gewicht van 60 à 70 gram.

Eiwit kloppen
Als in een recept eiwit stijfgeklopt moet worden, dienen de eieren heel zorgvuldig te worden gesplitst. Zelfs een enkel drupje eigeel in het eiwit maakt het onmogelijk dit stijf te kloppen. De beste resultaten bereikt u als u een gekoelde glazen of metalen kom gebruikt. Kom en garde moeten goed schoon en absoluut vetvrij zijn.
Klop eiwitten op dezelfde manier als slagroom, werk van beneden naar boven om zodoende een maximale hoeveelheid lucht toe te voegen.
Als de eiwitten geklopt zijn, moeten ze vaak door een mengsel worden geschept. Dit kunt u het beste doen met een rubber spatel of met een brede, ondiepe metalen of houten lepel. Maak 8-vormige bewegingen, tot onderin de kom, maar roer nooit.

Eierdooiers kloppen
Eierdooiers worden op dezelfde manier geklopt als eiwitten. Ook hierbij is het erg belangrijk dat tijdens het kloppen zoveel mogelijk lucht wordt toegevoegd.

Klop eierdooiers (evenals eiwitten) zo kort mogelijk voor gebruik, anders zakt het mengsel in elkaar.
Geklopte eierdooiers moeten dik en romig zijn: met de garde moet u uw initialen op het oppervlak kunnen schrijven.

Gelatine
Gelatine wordt gebruikt on een mousse, een gelei en soms ijs te laten opstijven. In de recepten wordt poedergelatine gebruikt, maar u kunt uiteraard ook de blaadjes gelatine nemen. Voor de benodigde hoeveelheden zie blz. 14.

Gelatine oplossen
Om een goed resultaat met gelatine te krijgen moet het poeder aan een koude vloeistof worden toegevoegd en nooit andersom. Laat de gelatine 3 à 5 minuten weken tot het mengsel sponsachtig is geworden; laat de gelatine voor gebruik oplossen door het kommetje in een pan met kokend water te zetten. Roer tot de gelatine is opgelost.
Grote zorgvuldigheid is vereist als opgeloste gelatine aan een koud mengsel moet worden toegevoegd. Wordt de gelatine te snel bijgegoten, dat kan het mengsel stollen en op de bodem van de pan een laag vormen. Wie zeker wil zijn van een goed resultaat moet als volgt te werk gaan: Laat de opgeloste gelatine even afkoelen en roer er eventueel een paar theelepels heet water door, om te voorkomen dat de gelatine te dik of klonterig wordt. Giet de gelatine vervolgens in een dun, gelijkmatig straaltje in het koude mengsel, terwijl u krachtig klopt of roert. U kunt ook een beetje van het koude mengsel al roerende door de gelatine mengen. Giet het geheel in een dun straaltje, onder voortdurend kloppen of roeren bij het koude mengsel. Vruchten, geklopte slagroom of stijfgeklopte eiwitten moeten pas met gelatinemengsels worden vermengd als deze beginnen op te stijven.

Storten
Als in een vorm of op een schaal moet worden gestort, snijd dan de inhoud met een mes langs de randen van de vorm los of duw de pudding los met uw vingertoppen. Houd de vorm enkele minuten in bijna kokend water, leg een serveerschaal omgekeerd op de vorm en draai het geheel ondersteboven. Schud even met de vorm om de inhoud los te maken. Als het storten de eerste keer niet lukt, moet de procedure herhaald worden.

Wijn en sterke drank
In sommige recepten worden kleine hoeveelheden wijn of sterke drank als smaakmaker gebruikt. Desgewenst kunt u in plaats hiervan vruchtesap nemen. De smaak van het gerecht is dan uiteraard minder karakteristiek.

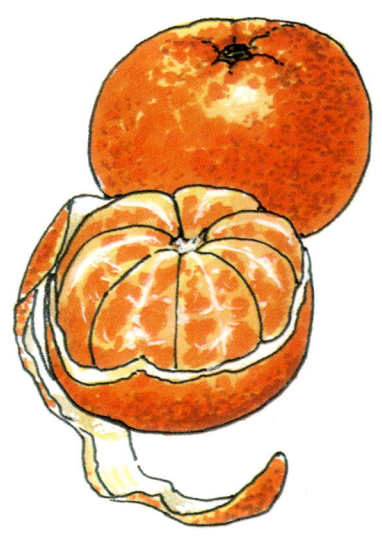

Luchtige mousses

Mousses worden door het hele gezin gewaardeerd. De manier van bereiden en de ingrediënten voor een mousse zijn bijna altijd gelijk – het is het aroma dat varieert. Mokka- en notenmousses vormen een smakelijk sluitstuk van een feestelijk etentje; kinderen zijn dol op sinaasappel-, chocolade- en bananenmousse.

Mokka-mousse (links)
(voor 4 à 6 personen)
Bereidingstijd: ca. 20 minuten
Opstijftijd: 3 à 4 uur

*15 gram gelatine
4 eierdooiers
85 gram bastersuiker
2,5 dl melk
1 eetlepel oploskoffie
1 à 2 theelepels cacao
2,5 dl slagroom
50 à 100 gram moccaboontjes*

1. Laat de gelatine 5 minuten weken in 2 à 3 eetlepels koud water. Klop de eierdooiers met de suiker tot de massa schuimig is.
2. Breng melk, oploskoffie en cacao aan de kook. Klop de kokende melk door de losgeklopte eierdooiers. Giet het mengsel terug in de pan en klop, zonder het mengsel aan de kook te laten komen tot de vla gebonden is.
3. Roer het gelatinemengsel door de warme vla. Roer tot de gelatine geheel is opgelost en alles goed vermengd is. Laat de vla afkoelen tot hij begint op te stijven.
4. Klop de slagroom zo stijf dat hij in pieken blijft staan en schep de room door het eimengsel. Spoel een ronde puddingvorm om met koud water en giet het mousse-mengsel erin. Dek de vorm af met aluminiumfolie- of plasticfolie en laat de mousse in de koelkast opstijven.
5. Maak de mousse vlak voor het opdienen los met een mes, houd de vorm 3 à 4 tellen in heet water en stort de mousse op een serveerschaal. Lukt dit niet direct, dompel de vorm dan opnieuw in heet water. Leg de moccaboontjes in een krans om de mousse.

Noten-mousse (onder)
(voor 4 à 6 personen)
Bereidingstijd: 25 à 30 minuten
Opstijftijd: ca. 2 uur

*15 gram gelatine
4 eieren
50 gram bastersuiker
1 dl zoete sherry
50 gram bittere chocolade
50 à 75 gram gehakte hazelnoten of walnoten
2,5 dl slagroom
ca. 300 gram verse, of ontdooide diepvriesframbozen*

1. Laat de gelatine weken in 2 à 3 eetlepels koud water. Klop de eierdooiers met de suiker tot het mengsel dik en schuimig is, schep de grof geraspte of fijngehakte chocolade en noten erdoor.
2. Laat de gelatine au bain-marie oplossen, maar laat het mengsel niet koken. Roer de sherry door de gelatine en roer dit mengsel door de opgeklopte eierdooiers.
3. Klop de eiwitten en de slagroom afzonderlijk stijf. Schep eerst de slagroom en dan het eiwit voorzichtig door de eierdooiers. Spoel een ringvorm om met koud water en giet het moussemengsel hierin. Dek de vorm af met folie en zet hem in de koelkast tot de mousse stevig is.
4. Spoel verse frambozen af. Ontdooi diepvriesframbozen in een vergiet met daaronder een bakje om het sap op te vangen (dit kunt u opdrinken of in een ander nagerecht verwerken).
Houd de vorm even in kokend water en stort de mousse op een platte schaal; schep de frambozen in het midden.
U kunt hierbij eventueel een glas sherry serveren, dezelfde sherry die u bij de bereiding hebt gebruikt.

Citroen-mousse
(voor 6 personen)
Bereidingstijd: ca. 15 minuten
Opstijftijd: ca. 2 uur

*15 gram gelatine
5 à 6 eieren
85 gram bastersuiker
3 citroenen
3 à 4 dl slagroom*

1. Laat de gelatine weken in 2 à 3 eetlepels koud water, in een vuurvast kommetje. Boen 1 citroen schoon onder lauw water met een harde borstel. Spoel hem af onder koud water en droog hem af. Rasp de schil van de citroen heel fijn. Pers de 3 citroenen uit.
2. Klop de eierdooiers met de suiker

tot het mengsel schuimig is. Laat de gelatine au bain-marie oplossen. Voeg het citroensap toe en schep het mengsel door de geklopte eierdooiers, evenals 2 à 3 theelepels citroenrasp.
3. Klop eiwitten en slagroom afzonderlijk stijf. Spatel de eiwitten en ongeveer de helft van de slagroom door de eierdooiers. Giet de mousse in een glazen schaal en zet deze op een koude plaats om op te stijven.
Serveer met de rest van de stijfgeklopte slagroom en wat citroenrasp als garnering.

Mousse van amandeltjesrijst
(voor 4 personen)
Bereidingstijd: 20 minuten
Opstijftijd: 1 à 2 uur

10 gram gelatine
2 eieren
40 gram basterdsuiker
50 à 75 gram amandelen
enkele druppels vanille-essence
ca. 2 dl koude rijstpudding
2,5 dl slagroom

1. Laat de gelatine weken in 2 à 3 eetlepels koud water in een vuurvast kommetje. Klop de eierdooiers met de suiker schuimig. Blancheer de amandelen en verwijder het velletje. Schaaf de helft of hak ze grof; hak of maal de andere helft zeer fijn. Meng de gemalen amandelen met de geklopte eierdooiers en de vanille-essence.
2. Zet het kommetje met de gelatine in een pan met kokend water en roer tot de gelatine is opgelost. Schep de gelatine door de eierdooiers, evenals de koude rijstpudding. Klop de eiwitten stijf. Klop de slagroom iets minder stijf. Meng eiwit en slagroom na elkaar voorzichtig door het ei-rijstmengsel. Roer af en toe door de mousse, tot hij begint op te stijven.
3. Rooster de geschaafde amandelen goudbruin onder de grill en strooi ze over de mousse.
Serveer de mousse goed gekoeld, met koude of warme kersensaus.

Kersensaus
Breng de inhoud van een groot blik zoete kersen, of 3 dl kersensap bijna aan de kook. Bind het sap met 2 theelepels maïzena, opgelost in 3 theelepels koud water. Breng het geheel aan de kook. Giet de saus in een kom en strooi er wat suiker over. Deze saus kan koud of warm worden opgediend.

Ideaal voor een etentje: Sherry-mousse, gegarneerd met gehakte noten, chocolade en licht geklopte slagroom.

Sherry-mousse
(voor 4 personen)
Bereidingstijd: ca. 15 minuten
Opstijftijd: 1 à 2 uur

15 gram gelatine
1 ei
2 eierdooiers
4 eetlepels basterdsuiker
1,5 dl zoete sherry
0,5 dl slagroom
50 gram bittere chocolade
25 gram walnoten of 2 eetlepels sherry

1. Laat de gelatine weken in 2 à 3 eetlepels koud water in een vuurvast kommetje. Klop 1 ei en 2 eierdooiers met de suiker tot het mengsel schuimig is. Roer 1 eetlepel kokend water door de gelatine en laat deze in een pan met kokend water oplossen. Meng de sherry erdoor.
2. Klop de slagroom niet helemaal stijf. Houd een derde deel van de slagroom apart en zet dit in de koelkast.

Maak eens een mousse van rijst met kersensaus als u een restje rijstpudding over hebt.

Bananen-mousse kan in kleine soufflébakjes worden opgediend.

3. Vermeng het gelatine-sherry-mengsel met de geklopte eieren en roer af en toe, tot de mousse begint op te stijven.
Schep voorzichtig de slagroom (⅔ deel) door het eimengsel en giet dit in een met koud water omgespoelde ringvorm. Zet de vorm op een koele plaats.
4. Stort de mousse op een schaal (zie mokka-mousse, blz. 7) en sprenkel er, indien gewenst, nog wat sherry over. Schep de gekoelde slagroom in het midden en garneer met grof gehakte chocolade en noten.

Port-mousse
Ga op dezelfde manier te werk als voor sherry-mousse, maar gebruik medium-port in plaats van sherry.

Rum-mousse
Zie blz. 17.

Bananen-mousse
(voor 4 personen)
Bereidingstijd: ca. 20 minuten
Opstijftijd: 1 à 2 uur

10 gram gelatine
2 eieren
85 gram basterdsuiker
4 bananen, 1 à 2 citroenen
50 à 75 gram bittere chocolade
2,5 dl slagroom
50 gram hazelnoten

1. Laat de gelatine weken in 2 eetlepels koud water in een vuurvast kommetje. Klop de eierdooiers en suiker schuimig. Pel de bananen en wrijf het vruchtvlees door een zeef of pureer het in een keukenmachine. Besprenkel de bananenpuree met citroensap om verkleuring te voorkomen. Klop de puree schuimig en schep hem door het eimengsel.

2. Laat de gelatine in het kommetje oplossen in een pan met kokend water. Roer de gelatine door het bananen-eimengsel, evenals de gehakte chocolade en 1 à 2 theelepels citroenrasp.
3. Klop het eiwit en de slagroom afzonderlijk stijf. Schep eiwit en slagroom na elkaar door het bananen-eimengsel. Bestrijk 4 repen vetvrij papier met olie. Neem vier soufflébakjes en bind het papier als een kraag om de bakjes, zodat deze 1 à 2 cm hoger worden. Maak de uiteinden vast met paperclips. Giet het moussemengsel in de bakjes.
4. Laat de mousse in de koelkast opstijven. Verwijder de papieren kragen. Hak de noten grof, laat ze onder de grill goudbruin kleuren en strooi ze over de mousse.
Serveer met een glas port of medium-sherry.

Romige chocolade-mousse (boven)
(voor 4 personen)
Bereidingstijd: ca. 15 minuten
Opstijftijd: 2 à 3 uur

15 gram gelatine
1 ei
2 eierdooiers
4 eetlepels basterdsuiker
100 gram bittere chocolade
2 dl melk of koffieroom
1 eetlepel cognac (eventueel)
2,5 dl slagroom

1. Laat de gelatine weken in 2 à 3 eetlepels koud water in een vuurvast kommetje. Klop het ei en de eierdooiers met de suiker schuimig. Breek 75 gram chocolade in kleine stukjes en laat deze bij lage temperatuur smelten in warme melk of room. Laat de gelatine au bain-marie oplossen en voeg het chocolademelkmengsel toe. Laat even afkoelen.
2. Voeg eventueel cognac toe, vermeng het chocolademengsel met de geklopte eierdooiers en zet de mousse in de koelkast tot deze begint op te stijven. Klop de slagroom en schep deze voorzichtig door de mousse. Schep de mousse in glazen en zet weer in de koelkast.
3. Garneer met een rozet slagroom en geraspte chocolade.

Donkere chocolade-mousse
(voor 4 personen)
Bereidingstijd: ca. 15 minuten
Opstijftijd: 1 à 2 uur

100 gram bittere chocolade
2 eetlepels basterdsuiker
4 eierdooiers
1 eetlepel rum of cognac
2,5 dl slagroom
25 gram amandelen

1. Breek de chocolade in kleine stukjes en doe ze in een vuurvast kommetje. Zet het kommetje in een pan met heet, maar niet kokend, water en roer tot de chocolade is gesmolten.
2. Klop de eierdooiers met de suiker schuimig, roer er de rum of de cognac door en de gesmolten, enigszins afgekoelde chocolade.
3. Klop de slagroom niet al te stijf en spatel het grootste gedeelte van de slagroom door het eimengsel. Verdeel de mousse over 4 glazen en zet deze in de koelkast om op te stijven.
4. Garneer de mousse voor het opdienen met een rozet slagroom en gepelde, gehakte amandelen.

Room-mousse in laagjes
(voor 4 personen)
Bereidingstijd: ca. 20 minuten
Opstijftijd: 1 à 2 uur

15 gram gelatine
5 dl slagroom
1 eetlepel basterdsuiker
enkele druppels vanille-essence
50 gram bittere chocolade
2 theelepels oploskoffie
1 theelepel cacao
4 cocktailkersen (bigarreaus)

Rechts: ananas-mousse en room-mousse in laagjes.

1. Breek de chocolade in kleine stukjes en smelt deze au bain-marie. Los de oploskoffie en de cacao op in 1 lepel kokend water of room. Laat afkoelen.
2. Laat de gelatine weken in 4 eetlepels koud water en los de gelatine op au bain-marie. Klop de slagroom bijna stijf; houd ca. 1 dl apart. Breng de overige slagroom op smaak met suiker en vanille en roer er de gelatine door.
3. Verdeel dit mengsel in drie gelijke delen. Roer door één deel de gesmolten chocolade, roer de opgeloste koffie en cacao door het volgende deel en het laatste deel houdt u zoals het was.
4. Giet de drie mengsels zodra ze beginnen op te stijven om en om in laagjes in 4 glazen coupes en zet ze in de koelkast.
Garneer de mousse met slagroom en een kers.

Ananas-mousse
(voor 4 personen)
Bereidingstijd: ca. 20 minuten
Opstijftijd: 1 à 2 uur

15 gram gelatine
2 eieren
40 gram basterdsuiker
1 klein blik ananas
sap van 1 citroen
2,5 dl slagroom
25 gram amandelen
enkele cocktailkersen (eventueel)

1. Laat de gelatine weken in 2 à 3 eetlepels koud water, in een vuurvast kommetje. Klop de eierdooiers met de suiker schuimig. Giet ca. 1 dl ananassap bij de gelatine en laat deze au bain-marie oplossen. Voeg het citroensap toe en giet dit mengsel al roerende bij de geklopte eierdooiers.
2. Snijd de ananas fijn en spatel de stukjes door het mousse-mengsel zodra dit begint op te stijven. Klop het eiwit goed stijf en de slagroom eveneens. Schep eiwit en slagroom na elkaar door het mousse-mengsel.
3. Giet het mengsel over in 4 glazen coupes en zet deze in de koelkast. Pel en schaaf de amandelen en laat ze onder de grill lichtbruin kleuren. Garneer elke coupe met een lepel slagroom, de amandelvlokken en een kers.

Onder: mousse met koffielikeur (volgende bladzijde).

Room-mousse met cognac-sinaasappelen – een perfect dessert na een licht hoofdgerecht.

Mousse met koffielikeur

(voor 4 personen)
Bereidingstijd: ca. 20 minuten
Opstijftijd: 2 à 3 uur

*85 gram basterdsuiker
1 dl water
2 eieren
150 gram bittere chocolade
3 à 4 eetlepels koffielikeur (bijv. Tia Maria)
2,5 dl slagroom
suikerviooltjes of een andere garnering*

1. Los de suiker op in 1 dl kokend water en laat het stroopje tot ongeveer de helft inkoken.
2. Klop de eieren met de geraspte chocolade tot de massa dik en schuimig is. Voeg met kleine beetjes tegelijk het suikerstroopje en de koffielikeur toe, terwijl u blijft kloppen. Laat het mengsel afkoelen.
3. Klop de slagroom stijf en schep deze voorzichtig door de chocoladecrème. Verdeel het mengsel over 4 schaaltjes of soufflébakjes en zet deze in de koelkast tot de mousse is opgestijfd. Garneer met gesuikerde viooltjes, mokkaboontjes o.i.d.

Room-mousse met cognac-sinaasappelen

(voor 4 à 5 personen)
Koeltijd: 2 à 3 uur

*2 sinaasappelen met dikke schil
1 dl water
sap van ½ citroen
8 eetlepels basterdsuiker
2 à 3 eetlepels cognac
8 gram gelatine
2 eieren
2 eierdooiers
3 dl slagroom
2,5 dl slagroom*

1. Boen de sinaasappels schoon met een borstel, spoel ze goed af en snijd ze in flinterdunne schijfjes. Blancheer sinaasappelschijfjes 5 minuten in 1 dl water waaraan u 4 eetlepels suiker en 1 à 2 eetlepels citroensap hebt toegevoegd. Haal de pan van het vuur en voeg de cognac toe. Laat de sinaasappel in de siroop afkoelen.
2. Laat de gelatine weken in 2 eetlepels koud water. Klop de hele eieren en de eierdooiers met de suiker tot het mengsel dik is. Breng de room aan de kook en giet deze al kloppende bij het eimengsel. Laat de gelatine au bain-marie oplossen en vermeng hem met het warme eimengsel. Blijf goed roeren.
3. Voeg het stroopje van de sinaasappelschijfjes toe. Roer zo nu en dan, tot de crème begint op te stijven. Klop de slagroom niet te stijf en schep hem voorzichtig door de mousse met het grootste gedeelte van de sinaasappelschijfjes. Giet de mousse in een schaal en leg de resterende sinaasappelschijfjes bovenop. Serveer deze mousse op kamertemperatuur.

Klassieke vanille-bavarois

1. Zet de schaal met het eimengsel in een pan met heet water. Klop met een garde tot het dik en schuimig is.

Klassieke vanille-bavarois (rechts)
(voor 4 à 6 personen)
Bereidingstijd: ca. 20 minuten
Opstijftijd: 2 à 3 uur

15 gram gelatine
4 eierdooiers
6 eetlepels basterdsuiker
2,5 dl melk
1 vanillestokje
3 à 4 dl slagroom
cocktailkersen
geschaafde amandelen

1. Laat de gelatine weken in 3 eetlepels koud water in een vuurvast kommetje. Klop de eierdooiers met de suiker schuimig en voeg scheutje voor scheutje de melk toe. Splijt het vanillestokje, schraap de zaadjes eruit en roer deze door het dooiermengsel.
2. Zet de kom met het mengsel in een pan heet water en roer en klop tot de crème dik en smeuïg is. Laat de gelatine au bain-marie oplossen en roer de oplossing door de dikke crème. Laat de crème afkoelen. Roer van tijd tot tijd.
3. Klop de slagroom stijf en schep twee derde deel door de vanillecrème. Spoel 4 vormpjes om met koud water en vul ze met de vanille-bavarois. Zet de vormpjes in de koelkast om de bavarois te laten opstijven.
4. Houd de vormpjes een voor een in heet water en stort ze op dessertbordjes. Garneer met de resterende slagroom, de kersen en geroosterde amandelvlokken.
Serveer de bavarois goed gekoeld en schenk er eventueel een glas medium-sherry bij.

2. Klop de slagroom stijf. De room moet dikker zijn dan voor een gewone mousse.

3. Meng de room door het eimengsel. Klop voorzichtig tot alles goed vermengd is.

4. Stort de mousse door de vormpjes een paar tellen in heet water te houden en ze vervolgens om te keren.

Gelatinepudding

Gelatinepudding wordt gemaakt van vruchtesap, wijn of een ander geurig vocht en gelatine. U kunt gelatine in poedervorm gebruiken, maar ook de traditionele blaadjes. De benodigde hoeveelheid gelatine hangt af van het soort nagerecht dat u bereidt. Voor een gelatinepudding die gestort moet worden hebt u 16 à 18 gram gelatinepoeder of 8 à 9 blaadjes nodig per 5 dl vocht. (Een blaadje weegt 2 gram.) Voor gelatinepudding die in aparte schaaltjes of glazen wordt opgediend, is 12 gram (5 à 6 blaadjes) per ½ liter vocht voldoende.

Rode-wijngelei (links)
(voor 4 personen)
Bereidingstijd: 15 à 20 minuten
Opstijftijd: 2 à 3 uur

50 gram rozijnen
3 à 4 citroenen
2 à 3 eetlepels basterdsuiker
16 gram (8 blaadjes) gelatine
5 dl rosé of rode wijn
2 eetlepels frambozenlikeur of geconcentreerd frambozensap
1 à 2 dl slagroom
kandijsuiker

1. Laat de rozijnen weken in het sap van 1 citroen en de basterdsuiker. Laat de gelatine weken in 2 à 3 eetlepels koud water. Schil de resterende citroenen tot op het vruchtvlees. Verdeel de citroenen in partjes, verwijder de velletjes en snijd het vruchtvlees in stukjes. Verdeel citroenstukjes en rozijnen over 4 glazen coupes.
2. Verhit de wijn, maar laat hem niet koken. Los de gelatine au bain-marie op en roer de gelatine door de wijn. Voeg de frambozenlikeur of het frambozensap toe. Verdeel het vocht over de 4 coupes en zet deze in de koelkast.
3. Garneer elke coupe met een rozet geklopte slagroom en strooi er wat kandijsuiker over.

Gelatine oplossen
1. Laat de gelatineblaadjes of het gelatinepoeder weken in koud water.
2. Doe de gelatine in een kommetje. Zet het in een pan met kokend water en roer tot de gelatine is opgelost.

Geglaceerde aardbeientaart

(voor 6 personen)
Opstijftijd: ca. 15 minuten

500 gram verse aardbeien
suiker
1 taartbodem, zelfgemaakt of gekocht
ca. ¼ liter vanillevla
6 gram (3 blaadjes) gelatine
3 dl aardbeiensap
2 à 3 eetlepels sherry

1. Was de aardbeien en verwijder de kroontjes. Bestrooi ze met suiker.
2. Besprenkel de taartbodem met een beetje aardbeiensap en sherry en laat dit ca. 1 uur intrekken.
3. Week de gelatine in 2 eetlepels koud water in een vuurvast kommetje. Verhit het aardbeiensap, maar laat het niet koken. Giet het sap bij de gelatine en laat deze au bain-marie oplossen. Roer de sherry erdoor. Laat de gelei afkoelen tot hij bijna stijf is.
4. Bestrijk de taartbodem met een laagje vanillevla en leg de aardbeien bovenop. Schep hierop de gelei, zodat alle vruchten bedekt zijn. Zet de taart ca. 1 uur in de koelkast om de gelei te laten opstijven.
Dien de aardbeientaart op met slagroom, zure room of vanille-ijs.

Sinaasappelgelei

(voor 4 à 5 personen)
Bereidingstijd: ca. 15 minuten
Opstijftijd: minstens 2 à 3 uur

20 gram (10 blaadjes) gelatine
150 gram basterdsuiker
2,5 dl water
5 à 6 grote sinaasappelen
1 à 2 citroenen
1 à 2 dl slagroom
geraspte chocolade

1. Laat de gelatine weken in 1 dl koud water. Maak een suikerstroopje van suiker en de rest van het water, voeg de gelatine toe en laat de gelatine au bain-marie oplossen.
2. Pers de sinaasappelen en de citroenen uit. Giet het sap door een fijnmazige zeef in de kom met het suikerstroopje. Giet de gelei in glazen coupes en laat het geheel in de koelkast opstijven.
3. Garneer met slagroom en geraspte chocolade.

Boven: Geglaceerde aardbeientaart
Onder: Frisse sinaasappelgelei.

Druiven in wijngelei
1. Leg de gehalveerde druiven met de doorgesneden kant naar boven in de vorm. Als de vorm gestort is lijkt het alsof hele druiven gebruikt zijn (zie foto hieronder).

2. Giet een laagje gelei over de druiven en laat dit even opstijven voor u de volgende laag druiven in de vorm legt. Zorg er wel voor dat de resterende gelei lobbig blijft tot de laatste laag druiven ermee bedekt is.

Druiven in wijngelei
(voor 6 à 8 personen)
Bereidingstijd: ca. 20 minuten
Opstijftijd: minstens 1 à 2 uur

32 gram (16 blaadjes) gelatine
¾ à 1 kg druiven
85 gram suiker
2,5 dl water
½ citroen
7 à 7,5 dl witte wijn

1. Laat de gelatine weken in de helft van het water. Was de druiven en droog ze goed met keukenpapier. Halveer ze en verwijder de pitjes.
2. Maak een stroopje van suiker, de rest van het water, citroensap en wijn. Voeg de geweekte gelatine toe en laat deze al roerende oplossen, waarbij u de kom in een pan met kokend water zet.
3. Spoel een rijstrand met een inhoud van ca. 1½ liter om met koud water. Giet een laagje gelei in de vorm. Verdeel de gelei goed over de bodem door de vorm heen en weer te bewegen. Leg de gehalveerde druiven in de vorm met de opengesneden kant naar boven. Vul de vorm met druiven en gelei zoals op de kleine foto's getoond wordt.
4. Bedek de vorm met folie en zet hem een nacht in de koelkast. Snijd de gelei langs de rand van de vorm los met een mesje, houd de vorm een paar seconden in heet water. Leg een platte schaal op de vorm en keer alles snel om. Vul het midden van de geleirand met geklopte slagroom, eventueel op smaak gebracht met een beetje port en poedersuiker. Als u 1 theelepel opgeloste gelatine toevoegt aan de slagroom met port, zal de room niet inzakken, waardoor u het geheel van tevoren kunt bereiden.

Links: met druiven in wijngelei oogst u beslist veel succes. Het is niet moeilijk te maken en het smaakt even verrukkelijk als het eruitziet.

Rechts: drie heerlijke nagerechten. Van links naar rechts: perziken in gelei, citroensorbet (blz. 18) en rummousse met citroengelei.

Perziken in gelei
(voor 4 à 5 personen)
Bereidingstijd: ca. 20 minuten
Opstijftijd: minstens 2 à 3 uur

16 gram (8 blaadjes) gelatine
3 à 4 sinaasappelen
½ blik halve perziken
Voor de vanillecrème:
2 eierdooiers
2 à 3 eetlepels basterdsuiker
1 theelepel vanillesuiker
2,5 dl slagroom

1. Laat de gelatine weken in 4 eetlepels koud water in een vuurvast kommetje. Pers de sinaasappelen uit en meng het sap met een deel van de siroop van de perziken; u hebt in totaal ½ liter vocht nodig.
2. Laat de gelatine au bain-marie oplossen. Giet de oplossing langzaam bij het vruchtesap en roer goed.
3. Spoel 4 à 5 kommetjes om met koud water. Giet er 1 à 2 cm gelei in. Zet de kommetjes in de koelkast tot de gelei stijf is. De rest van de gelei moet op kamertemperatuur blijven en half vloeibaar zijn.
4. Leg in elk kommetje een goed uitgelekte perzik met de bolle kant naar onderen. Bedek de perzik met gelei. Zet de kommetjes weer in de koelkast om de gelei op te laten stijven. Houd de kommetjes even in heet water en stort de gelei in glazen coupes. Dien de gelei op met vanillecrème: klop de eierdooiers met vanillesuiker en gewone suiker schuimig en schep dit mengsel door de opgeklopte slagroom.

Rum-mousse met citroengelei
(voor 4 personen)
Bereidingstijd: 20 à 25 minuten
Koeltijd: minstens 2 à 3 uur

10 gram (5 blaadjes) gelatine
4 eierdooiers
6 eetlepels basterdsuiker
1 à 1,5 dl witte rum
3 eiwitten
5 dl slagroom
Voor de gelei:
4 gram (2 blaadjes) gelatine
1 dl water
sap van 1 citroen
40 gram suiker

1. Maak eerst de mousse: laat de gelatine weken in 3 eetlepels koud water. Klop de eierdooiers met de suiker schuimig. Laat de gelatine au bain-marie oplossen. Giet de rum erbij en roer het door de eierdooiers.
2. Klop de eiwitten stijf en de slagroom eveneens. Houd een derde deel van de slagroom apart en zet dit, afgedekt met folie, in de koelkast. Schep het eiwit door het dooiermengsel en vervolgens de resterende slagroom. Giet het mengsel in een schaal en laat de mousse in de koelkast opstijven.
3. Laat de gelatine voor de gelei weken in 2 eetlepels koud water. Maak een suikerstroopje van suiker, de rest van het water en het citroensap. Voeg de geweekte gelatine toe en laat deze au bain-marie oplossen. Giet de gelei zodra deze op het punt staat te geleren over de rum-mousse. Laat het in de koelkast opstijven.

Sorbets

Verrukkelijk, fris smakend waterijs wordt gemaakt van vruchtesap of vruchtenpuree en een suikerstroop. Vaak wordt witte wijn of likeur toegevoegd. Dit mengsel wordt bevroren, waarbij het geregeld moet worden geklopt.

Suikerstroopje
De hoeveelheid suiker mag niet meer bedragen dan 600 à 700 gram per halve liter water, anders bevriest de sorbet niet. Wanneer u gezoet vruchtesap of gepureerde vruchten met suiker gebruikt, moet het stroopje minder suiker bevatten.

Keukengerei
Een sapcentrifuge en/of een blender zijn handig voor het maken van sorbets van verse vruchten. Een gewone citroenpers is evenwel uitstekend geschikt voor sinaasappel- en citroensorbets. U kunt eventueel vruchtesap uit pak of blik gebruiken, maar het resultaat zal aanzienlijk minder smakelijk zijn.

Het bevriezen
Het sorbetmengsel laat zich het gemakkelijkst kloppen in een ronde kom. Omdat metaal een betere geleider van warmte is dan plastic, verdient het de voorkeur een metalen kom te gebruiken. Het bevriezen van het sorbetmengsel gaat het gemakkelijkst met een sorbetière, maar u kunt er ook een plastic of metalen koelkastdoos voor gebruiken. Het bevriezen duurt 2 à 6 uur. Een sorbet met een hoog suikergehalte, waaraan alcohol is toegevoegd, heeft een langere invriestijd. Tijdens het bevriezen moet de sorbet 3 of 4 keer met een garde worden opgeklopt (tenzij u een sorbetière gebruikt). De sorbet is klaar als het mengsel vast, maar niet hard is. Een sorbet moet luchtig zijn. Wanneer de sorbet niet binnen een paar dagen gegeten wordt, voeg dan wat licht geklopt eiwit toe als de sorbet bijna bevroren is. Hierdoor verlengt u de bewaartijd.

Opdienen
Klop de sorbet even op, om hem luchtiger te maken. Vorm er met een in lauw water gedompelde lepel balletjes van en doe die in gekoelde glazen. (Zet de glazen daartoe een paar uur van tevoren in de koelkast; in niet gekoelde glazen smelt de sorbet te snel.) Zorg dat de garnering onder handbereik is, garneer de sorbet en dien hem onmiddellijk op.

Meloensorbet
(voor 4 personen)

*ca. 300 gram vruchtvlees van meloen
150 gram suiker
1 dl water
1 à 2 eetlepels fijngehakte natte gember
1 eetlepel gembersiroop
0,5 à 1 dl witte wijn*

Maak een stroopje van suiker en water. Laat dit afkoelen. Doe alle ingrediënten in een blender en maak er een gladde, zachte puree van. Laat het mengsel bevriezen en klop het van tijd tot tijd even op, zoals aangegeven in het basisrecept. Serveer zonder garnering.

Kiwisorbet
(voor 4 personen)

*ca. 450 gram rijpe kiwi's
125 gram suiker, 1,5 dl water
sap van ½ à 1 citroen*

Maak een suikerstroopje door de suiker op te lossen in 1½ dl kokend water. Schil de kiwi's en doe het vruchtvlees in de blender, samen met het afgekoelde suikerstroopje. Maak er in een paar seconden een dunne puree van. Breng deze op smaak met citroensap en zet het mengsel in de diepvries; klop de sorbet af en toe zoals aangegeven in het basisrecept.

Citroensorbet (foto blz. 17)
(voor 5 à 6 personen)

*4 à 6 citroenen
225 gram suiker, 4 dl water
2,5 dl slagroom
cocktailkersen*

Maak een suikerstroopje door de suiker op te lossen in 4 dl kokend water. Pers de citroenen uit, zeef het sap en vermeng het met het goed gekoelde suikerstroopje. U kunt de hoeveelheid suiker eventueel verhogen tot 350 à 400 gram, maar de citroensorbet moet prikkelend zuur blijven. Laat het mengsel bevriezen en klop het van tijd tot tijd, zoals in de basismethode staat aangegeven. Citroensorbet kan desgewenst nog verfijnd worden met een scheutje witte vermout.

Vier frisse sorbets op een rij. Van links naar rechts: meloen-, champagne-, kiwi- en bramensorbet

Sinaasappelsorbet
Volg het recept van citroensorbet, maar gebruik niet meer dan 225 gram suiker, en vers sinaasappelsap in plaats van citroensap.

Champagnesorbet
(voor 6 à 8 personen)

4 à 5 dl champagne (demi-sec) of mousserende witte wijn
1 sinaasappel
1 citroen
225 gram suiker
2 dl water
3 à 4 dl mineraalwater
suikerviooltjes of een andere garnering

Maak een stroopje van suiker en water. Laat dit afkoelen. Pers de sinaasappel en de citroen uit. Meng alle ingrediënten en laat het mengsel bevriezen. Klop het sorbetmengsel van tijd tot tijd op. Garneer de sorbet voor het opdienen met suikerviooltjes of een andere versiering.

Bramen- of frambozensorbet
(voor 4 personen)

5 dl licht gezoet bramen- of frambozensap
150 gram suiker

1 dl water
sap van ½ à 1 citroen

Maak een suikerstroopje door de suiker op te lossen in 1 dl kokend water. (Wanneer u gekocht vruchtesap gebruikt, hebt u minder suiker nodig.) Vermeng het vruchtesap met het gekoelde suikerstroopje en breng het geheel op smaak met citroensap. Laat het mengsel bevriezen en klop het van tijd tot tijd op, zoals in de basismethode omschreven. Zonder garnering opdienen.

Sorbet
1. Maak een suikerstroopje. Voeg het uitgeperste vruchtesap toe.
2. Laat het mengsel bevriezen en klop het van tijd tot tijd op. Spatel een stijfgeklopt eiwit door het halfbevroren mengsel. U kunt de sorbet dan langer bewaren.

Taart als nagerecht

Een verrukkelijke taart is een perfecte begeleider bij het kopje koffie na het eten.

Marsepeintaart (links)
(voor 8 à 10 personen)
Bereidingstijd: ca. 1 uur
Ronde bakvorm, doorsnee 22 cm
Baktijd: ca. 10 minuten
Oventemperatuur: (middelste richel): 200 à 225 °C, thermostaat 6 à 7

500 gram gemalen amandelen
225 gram poedersuiker
3 à 4 eiwitten
150 gram bittere chocolade
½ eetlepel plantaardige olie
5 dl slagroom
4 eetlepels koffielikeur of een andere likeur
eventueel 1 blik vijgen of peren
1 blik mandarijnpartjes
klein blik ananasschijven

1. Meng de gemalen amandelen met de gezeefde poedersuiker. Kneed met kleine beetjes tegelijk de eiwitten erdoor, tot u een stevig deeg hebt verkregen. Doe de massa in een pan met dikke bodem en verwarm de inhoud op een laag vuur, onder voortdurend roeren, tot het mengsel zacht en smeüg genoeg is om te worden gespoten.
2. Beboter de bakvorm en bestrooi hem met bloem. Spreid ongeveer de helft van het marsepeinmengsel gelijkmatig uit op de bodem. Schep de rest van de marsepein in een spuitzak met een vrij grote stervormige spuitopening. Spuit de marsepein in een krans langs de buitenste rand van het deeg. Spuit van de rest kleine rozetjes op een met vetvrij papier bedekte bakplaat.
3. Bak de rozetjes 7 à 8 minuten in de voorverwarmde oven en de taartbodem ca. 10 minuten. Bedek de rand van de taartbodem eventueel met vetvrij papier als het deeg te snel bruin wordt. Laat taartbodem en rozetjes afkoelen. Leg de afgekoelde taartbodem op een serveerschaal.
4. Smelt de chocolade au bain-marie, roer de olie erdoor. Bestrijk de taartbodem met ¾ deel van de chocolade. Laat de vruchten in een zeef goed uitlekken en snijd ze in stukjes. Klop de slagroom stijf en klop de likeur erdoor. Vorm een piramide door vruchten en slagroom in lagen op de taartbodem te leggen (zie foto). Garneer met de marsepeinrozetjes en de resterende gesmolten chocolade.

Rubinstein-taart
(voor 8 à 10 personen)
Bereidingstijd: 1¼ uur
Baktijd taartbodem: ca. 15 minuten
Baktijd soesjes: ca. 30 minuten
Oventemperatuur (middelste richel): 150 °C en 200 °C, thermostaat 2 en 6

Voor de taartbodem:
100 gram gemalen amandelen
2 eiwitten
100 gram basterdsuiker
¼ theelepel bakpoeder
1 à 1,5 dl rum
500 gram verse aardbeien, of ontdooide diepvriesaardbeien
suiker
Voor de mousse:
4 eierdooiers
4 eetlepels basterdsuiker
10 gram (5 blaadjes) gelatine
3 eiwitten
2,5 dl slagroom
Voor de soesjes:
1 dl water
50 gram boter
60 gram bloem
2 eieren
2,5 dl slagroom
100 gram bittere chocolade
1 theelepel olie

1. Vermeng de gemalen amandelen in een pan met eiwitten en suiker. Verhit dit mengsel onder voortdurend roeren tot het glad is. Laat het bakpoeder oplossen in 2 theelepels water en roer het door het amandelmengsel. Maak op een bakplaat een cirkel met een doorsnee van ca. 20 cm. Spreid het amandelmengsel gelijkmatig uit binnen deze cirkel en bak het 15 minuten bij 150 °C, gasstand 2. Laat de koek afkoelen.
2. Maak de mousse: klop eierdooiers en suiker schuimig. Giet er 0,5 à 1 dl rum bij en de opgeloste gelatine. Klop de eiwitten en de slagroom afzonderlijk stijf. Schep eiwit en slagroom na elkaar voorzichtig door het dooiermengsel. Kies een vorm waarvan de omtrek aanzienlijk kleiner is dan die van de taartbodem. Spoel de vorm om met koud water. Giet het moussemengsel erin en laat de mousse in de koelkast opstijven.
3. Maak de soesjes: breng het water met de boter in een pannetje aan de kook. Voeg in één keer de bloem toe en roer krachtig, tot het deeg van de rand van de pan loslaat. Haal de pan van het vuur en klop een voor een de eieren door het mengsel, tot u een glad, soepel deeg hebt verkregen. Spuit of schep het deeg in kleine bergjes op een bakplaat. Bak de soezen ca. 30 minuten. Open de eerste 20 minuten de oven niet. Laat de soezen afkoelen en knip 10 à 12 ervan open. (De rest kunt u invriezen.) Smelt de chocolade in een kommetje dat u in een pan kokend water zet en voeg 1 theelepel olie toe. Vul de soezen met stijfgeklopte slagroom en bedek ze met de gesmolten chocolade.
4. Leg de taartbodem op een serveerschaal en besprenkel hem met de resterende rum. Prak de helft van de aardbeien fijn en verdeel dit over de taartbodem. Stort de soufflé op het midden van de taartbodem en schik de soezen er omheen. Garneer met de overgebleven aardbeien.

Rubinstein-taart: deze fraaie compositie is erg bewerkelijk, maar zal veel bewondering oogsten.

Boven: Een eenpersoons savarin gevuld met ijs en karamelsaus.

Onder: Een savarin met aardbeien ziet er nog feestelijker uit als hij wordt geglaceerd met een suikerstroopje vermengd met rode-bessengelei.

Savarins

Een savarin is een Franse gebaksoort, gemaakt van gistdeeg. Hij wordt gebakken in een ringvorm en besprenkeld met een warm suikerstroopje waaraan rum, cognac, wijn en/of vruchtesap is toegevoegd.

Savarin (basisrecept)
Bereidingstijd: 30 à 40 minuten
Rijstijd: ca. 40 minuten
Inhoud vorm: ca. 1½ liter
Baktijd: 25 à 30 minuten
Oventemperatuur (onderste richel): 200 °C, thermostaat 6
Afkoeltijd: ca. 3 uur

Voor het deeg:
150 gram boter
1 dl melk of dunne room
25 gram gist
½ theelepel zout
1 eetlepel basterdsuiker
3 eieren
200 gram bloem
Voor het suikerstroopje:
3 dl water
200 gram suiker
0,75 à 1 dl rum of cognac
of 1,5 dl wijn of vruchtesap

1. Smelt de boter, roer er de melk of room door en laat het mengsel tot lauw afkoelen. Laat de gist in het lauwe mengsel oplossen en laat het mengsel 20 minuten rusten. Voeg dan zout, suiker, losgeklopte eieren en bloem toe en kneed hiervan een soepel deeg. Bedek het deeg met een doek en zet het ca. 40 minuten op een warme plaats om te rijzen.
2. Kneed het deeg weer even en doe het in de goed ingevette, met bloem bestoven vorm. Bak de savarin 25 à 30 minuten. Controleer met een houten satépen of het deeg gaar is: de pen moet droog uit de cake komen.
Laat de savarin even in de vorm uitdampen en stort hem daarna op een rooster om af te koelen. Was de vorm af en leg de savarin er voorzichtig in terug.
3. Maak een stroopje van water en suiker. Laat het stroopje, zonder deksel, ca. 20 minuten koken, tot het dik begint te worden. Let op dat de suiker niet gaat kristalliseren. Laat het stroopje even afkoelen en roer e

dan rum, cognac of een ander smaakmiddel door.
4. Prik met een breinaald gaatjes in de savarin. Giet geleidelijk en lepelsgewijs de siroop over de savarin, zodat deze doordrenkt wordt met het stroopje. Laat het geheel ca. 3 uur intrekken. Stort de savarin halverwege op een serveerschaal, zodat u het stroopje dat zich onderin de vorm heeft verzameld eveneens over de savarin kunt lepelen.
Vul de opening met vruchten of andere ingrediënten, al naar gelang het recept.

Savarin met ijs en karamelsaus
(voor 6 personen)
Bereidingstijd (de baktijd niet meegerekend): ca. 20 minuten

1 grote of 6 kleine savarins
1 portie suikersiroop (zie basisrecept)
0,75 dl rum of cognac
1 liter vanille-, vruchten- of chocolade-ijs
2,5 dl slagroom
25 gram geschaafde amandelen
Voor de karamelsaus:
175 gram suiker
2 à 2,5 dl water

1. Roer de rum of de cognac door de nog warme suikersiroop. Giet dit mengsel over de savarin, zoals omschreven in het basisrecept. Klop de slagroom stijf en rooster de amandelen goudgeel.
2. Doe de suiker in een warme, droge braadpan, schud deze heen en weer tot de suiker begint te smelten. Roer niet, anders gaat de suiker klonteren. Giet, zodra de suiker goudbruin is, het water erbij en breng het geheel aan de kook onder voortdurend roeren, tot een homogene saus is verkregen. Giet de saus in een kommetje en laat hem afkoelen.
3. Stort de grote savarin op een serveerschaal of de kleine savarins op bordjes. Schep de helft van het ijs in het midden van de savarin(s) en giet de karamelsaus erover. Vorm met een speciale ijslepel bollen van het overige ijs en leg deze in het midden van de savarin. Garneer met rozetjes slagroom en geroosterde amandelen.

Savarin met vruchtensalade
(voor 6 personen)
Bereidingstijd (de baktijd niet meegerekend): ca. 20 minuten

1 savarin
1 portie suikersiroop (zie basisrecept)
0,75 dl sinaasappellikeur of 1 dl sinaasappelsap
1 verse ananas of 1 blik ananasstukjes ca. 300 gram blauwe druiven
1 potje cocktailkersen
2 peren of perziken

1. Roer de sinaasappellikeur of het sinaasappelsap door de nog warme suikersiroop en giet het mengsel lepelsgewijs over de warme savarin.
2. Schil de ananas en snijd hem in stukjes of laat de ananas uit blik goed uitlekken. Was de druiven, halveer ze en verwijder de pitjes. Schil de peren of de perziken en snijd ze in blokjes. Vermeng de vruchten en giet er wat siroop van de kersen over en een scheutje sinaasappellikeur.
3. Vul de savarin met de vruchtensalade. Serveer de rest apart. Geef er stijfgeklopte slagroom bij.

Savarin met aardbeien
(voor 6 personen)
Bereidingstijd (de baktijd niet meegerekend): ca. 20 minuten

1 savarin
1 portie suikersiroop (zie basisrecept)
1 dl port of 2 eetlepels vruchtenlikeur
500 gram stevige aardbeien
cocktailkersen
4 eetlepels rode-bessengelei of abrikozenjam

1. Roer de port of de vruchtenlikeur door de suikersiroop en giet de helft van dit mengsel over de warme savarin.
2. Meng de rode-bessengelei of de gezeefde abrikozenjam met 2 à 3 eetlepels suikersiroop. Leg de gehalveerde cocktailkersen op de savarin en giet de rest van de suikersiroop erover.
3. Lepel de gelei of de jam voorzichtig over de savarin. In plaats van deze gelei kunt u ook een extra portie suikersiroop bereiden. Laat deze suikersiroop inkoken tot hij in dunne draden van een lepel valt. Als u deze ingedikte siroop heel langzaam over de savarin uitgiet zal de siroop een glazuurlaagje vormen.
Vul de savarin met de aardbeien en serveer hem met slagroom of zure room.

Onder: Savarin met vruchtensalade wordt geserveerd met een schaaltje stijfgeklopte slagroom.

Pie allerlei

Een pie is een soort zoete pastei die vooral in Engeland en de V.S. populair is. Een pie is een perfect dessert na een licht hoofdgerecht.

Appelpie met room (links)
(voor 5 à 6 personen)
Voorbereidingstijd: 25 à 30 minuten
Baktijd: 20 à 25 minuten
Oventemperatuur: 200 °C, thermostaat 6

ca. 750 gram moesappels
suiker
5 à 6 beschuiten of dikke sneden wittebrood, die u in de oven langzaam droog en knisperig laat worden
100 gram lichte bruine suiker
2 à 3 eetlepels zoete sherry
25 gram boter
2 eieren, 2 eierdooiers
enkele druppels vanille-essence
2,5 dl koffieroom
1 eetlepel maïzena
50 gram amandelen

1. Schil de appels, verwijder de klokhuizen en snijd het vruchtvlees in stukjes. Kook deze in 0,5 à 1 dl water tot u een stevige compote hebt verkregen. Laat deze afkoelen en breng hem op smaak met suiker.
2. Verkruimel de beschuiten of het brood en vermeng het kruim met bruine suiker en sherry. Beboter een ovenvaste schaal en vul deze laag voor laag met het kruimmengsel en de appelcompote.
3. Klop de hele eieren en de eierdooiers met 3 à 4 eetlepels suiker, vanille-essence, room en maïzena in een pan met dikke bodem. Verhit het mengsel onder voortdurend roeren tot u een dikke, gladde vla hebt verkregen, maar laat deze niet koken. Pel de amandelen, hak ze fijn en roer ze door de vla.
4. Giet de vla in de ovenschotel en bak de pie in de oven goudbruin en gaar.
Serveer de appelpie warm, met stijfgeslagen slagroom of vanille-ijs.

Citroenpie met schuimkop (midden)
(voor 4 à 6 personen)
Voorbereidingstijd: 25 à 30 minuten
Rusttijd voor het korstdeeg: 1 uur
Baktijd: ca. 35 minuten
Oventemperatuur (middelste richel): 200 °C, thermostaat 6

Voor het korstdeeg:
125 gram boter
175 gram bloem
1 à 2 eetlepels basterdsuiker
1 eierdooier
Voor de vulling:
2 eieren, sap van 1 citroen
2 eierdooiers, 2,5 dl melk
4 eetlepels basterdsuiker
2 eetlepels maïzena

1 theelepel citroenrasp
Voor de schuimkop:
3 eiwitten
100 gram basterdsuiker

1. Zeef de bloem in een kom en prak de in stukjes gesneden boter erdoor. Voeg de suiker en de eierdooier toe en kneed met uw vingers snel een deeg. Als de massa te droog is, kunt u 1 à 2 eetlepels koud water toevoegen. Laat het deeg ten minste 1 uur op een koude plaats rusten.
2. Rol het deeg uit en bekleed er een goed beboterde en bebloemde bakvorm mee (bij voorkeur een vorm met een geribbelde rand en een diameter van ca. 20 cm. Prik met een vork gaatjes in de bodem, leg er een beboterd stuk aluminiumfolie over en leg hierop gedroogde peulvruchten. Bak de taartbodem ongeveer 15 minuten 'blind', verwijder peulvruchten en folie en laat de taartbodem afkoelen.
3. Klop in een pan met dikke bodem de hele eieren, eierdooiers, suiker, melk, citroensap, maïzena en citroenrasp. Verhit het mengsel onder voortdurend roeren tot u een dikke, gladde vla hebt verkregen. Laat deze niet koken. Laat de vla afkoelen en roer af en toe.
4. Klop de eiwitten stijf en voeg, al kloppende, met kleine beetjes tegelijk de suiker toe. Verdeel de citroenvla over de taartbodem en bedek de vla met het eiwit. Bak de pie nog 15 à 20 minuten in de oven. Serveer warm of lauw.

Pie met peren (rechts)
(voor 4 à 6 personen)
Voorbereidingstijd: 25 à 30 minuten
Rusttijd voor het korstdeeg: ca. 1 uur
Baktijd: 25 à 30 minuten
Oventemperatuur (middelste richel): 200 °C, thermostaat 6

1 hoeveelheid korstdeeg (zie recept citroenpie)
15 gram boter
6 peren
1 dl slagroom
2 eetlepels poedersuiker
2 theelepels gemberpoeder
½ à 1 theelepel kaneel
½ losgeklopt ei

1. Maak het deeg en laat het 1 uur rusten in de koelkast. Beboter een platte ovenvaste schaal. Schil de peren, verwijder de klokhuizen en snijd het vruchtvlees in partjes. Leg de peren in de beboterde schaal. Vermeng de slagroom met de gezeefde poedersuiker en gember en giet het mengsel over de peren. Strooi er tot slot wat kaneel over.
2. Rol het deeg uit en leg het als een deksel over de peren. Druk het deeg goed vast op de rand van de schaal. Bestrijk de bovenkant met losgeklopt ei en bak de pie tot het deeg goudbruin en gaar is.
Dien de pie warm op met stijfgeslagen slagroom of ijskoude zure room.

Nagerechten met rabarber

Verscholen rabarber
(voor 4 personen)
Bereidingstijd: ca. 15 minuten

1 portie rabarbercompote I (zie rechts)
8 à 10 beschuiten of dikke sneden wittebrood, in de oven gedroogd
4 à 6 eetlepels suiker
15 gram boter
1 à 2 dl slagroom

1. Verkruimel de beschuiten of het wittebrood, vermeng het kruim met de suiker en bak dit mengsel in de boter in een koekepan. Laat even afkoelen. Leg in een schaal om en om lagen beschuitkruim en rabarbercompote. Houd wat beschuitkruim achter voor de garnering.
2. Klop de slagroom stijf en verdeel deze over de rabarber. Strooi er wat beschuitkruim over. Serveer lauw of koud.

Rabarbersoep
(voor 4 à 5 personen)
Voorbereidingstijd: ca. 10 minuten
Kooktijd: ca. 15 minuten

500 à 750 gram rabarber
1½ liter water
1 vanillestaafje of 1 kaneelstokje
suiker
2 eetlepels 'arrowroot' (pijlwortel) per liter rabarbersoep

1. Snijd de rabarber in stukken en kook deze in water met een vanille- of kaneelstokje gaar.
2. Verwijder vanille of kaneel. Wrijf de rabarbercompote door een zeef en breng de compote op smaak met suiker. Meng de 'arrowroot' met 1 dl koud water. Roer dit mengsel door de rabarber en verhit het geheel tot de compote gebonden is. Serveer de vloeibare compote warm of ijskoud, met dunne, knapperige biscuitjes.

Verscholen rabarber is een smakelijk nagerecht voor alledag, waarvoor u ook een restje rabarbercompote kunt gebruiken.

Rabarbercompote I
(voor 4 à 5 personen)
Voorbereidingstijd: ca. 10 minuten
Kooktijd: 15 à 20 minuten

750 gram rabarber
7,5 dl water
½ vanillestokje
suiker
3 eetlepels arrowroot
kunstmatige kleurstof (eventueel)

1. Was de rabarber en snijd de stengels in kleine stukjes. Laat deze in ¾ liter water met een vanillestokje gaar stoven.
2. Verwijder het vanillestokje. Breng de compote op smaak met suiker. Voeg eventueel de kleurstof toe, of een scheutje zwarte-bessensap.
3. Roer de arrowroot met ca. 1 dl koud water tot een papje. Haal de pan van het vuur en roer de arrowroot door de compote. Giet de rabarbercompote in een serveerschaal. Strooi er wat suiker over om te voorkomen dat er een vel op komt.
Serveer de rabarber koud, met stijfgeslagen room. Desgewenst kunt u er wat fijngehakte amandelen over strooien.

Feestelijk rabarberdessert
(voor 4 à 5 personen)
Bereidingstijd: ca. 10 minuten

1 portie rabarbercompote II (zie rechts)
8 à 10 bitterkoekjes
2 eetlepels port
2,5 dl slagroom
bruine suiker of kandijsuiker

1. Verbrokkel de bitterkoekjes. Besprenkel het kruim met een mengsel van de port en 1 à 2 eetlepels sap van de rabarbercompote.
2. Leg bitterkoekjes en rabarber om en om in lagen in een serveerschaal. Schep hierop een dikke laag geklopte slagroom. Garneer met bruine of

kandijsuiker. Serveer goed gekoeld, met een glaasje port.

Rabarbercompote II
(voor 4 à 6 personen)
Voorbereidingstijd: ca. 10 minuten
Kooktijd: 10 à 12 minuten

500 gram rabarber
2 dl water
85 à 125 gram suiker
½ vanillestokje

1. Was de rabarber en verwijder draden en bruine stukken. Snijd de stengels in 2 cm grote stukjes.
2. Maak een stroopje van suiker, water en ½ vanillestokje. Laat de rabarber hierin 3 à 4 minuten stoven. Haal de pan van het vuur en laat de rabarber afgedekt 8 à 10 minuten staan, tot de stukjes zacht zijn; het mag echter geen moes worden.
3. Haal de rabarberstukjes met een schuimspaan uit de pan en leg ze in een serveerschaal. Breng het stroopje weer aan de kook en laat het een paar minuten inkoken. Giet de siroop over de rabarberstukjes en laat het geheel afkoelen.

Feestelijk rabarberdessert, opgebouwd uit lagen rabarber en bitterkoekjes, bedekt met een dikke laag slagroom en bestrooid met bruine suiker.

Rabarber met een schuimkop
(boven)
(voor 4 à 6 personen)
Voorbereidingstijd: ca. 20 minuten
Baktijd: ca. 20 minuten
Oventemperatuur (middelste richel): 200 °C, thermostaat 6

25 gram boter
8 eetlepels basterdsuiker
ca. 50 gram broodkruim
ca. 4 dl rabarbercompote II (zie boven)
3 eiwitten

1. Smelt de boter en roer er 4 eetlepels suiker en het broodkruim door. Leg dit mengsel in een ovenvaste schaal. Schep de rabarbercompote (die niet te dun mag zijn) hierop.
2. Klop de eiwitten stijf. Voeg al kloppende de resterende suiker toe, met kleine beetjes tegelijk. Verdeel het eiwit over de rabarber en zet de schaal 20 minuten in de oven, tot het eiwit stevig en goudbruin is.

Bananen op hun best

Bananenbeignets (links)
(voor 4 à 6 personen)
Voorbereidingstijd: ca. 20 minuten
Rusttijd voor het beslag: ca. 30 minuten
Baktijd: enkele minuten

8 à 10 kleine, stevige bananen
olie of vet om te frituren
suiker
1 à 2 citroenen
Voor het beslag:
125 gram bloem
½ theelepel zout
1 ei
1 dl bier
ca. 1 dl water
25 gram boter

1. Vermeng bloem en zout in een kom. Maak in het midden een kuiltje en doe hierin de eierdooier, het bier, de helft van het water en de gesmolten boter. Roer hiervan een glad beslag en laat dit even rusten. Is het beslag te dik, roer er dan meer water door; het moet de dikte van pannekoekenbeslag hebben. Sla het eiwit stijf en spatel het door het beslag.
2. Verhit olie of vet in een diepe frituurpan. Pel de bananen en snijd ze in de lengte doormidden. Dompel de bananehelften een voor een in het beslag en frituur ze met 3 of 4 tegelijk tot ze goudbruin en knapperig zijn. Keer ze om met een schuimspaan, zodat ze rondom kleuren. Laat de bananen uitlekken op keukenpapier.
Dien de bananenbeignets warm op,

Bananenbeignets
1. Roer een glad beslag.

bestrooid met suiker en vergezeld van citroensap of citroenpartjes.

Gebakken bananen (rechts)
(voor 4 personen)
Voorbereidingstijd: ca. 10 minuten
Baktijd: enkele minuten

4 stevige bananen
2 à 3 eetlepels vloeibare honing
25 gram amandelen
25 gram boter
1 citroen
eventueel rozijnen

1. Pel de bananen en bestrijk ze rondom met honing.
2. Schaaf de amandelen of hak ze grof. Wentel de bananen door de amandelen en bak ze in de boter goudbruin, waarbij u ze geregeld keert.
3. Besprenkel de bananen met citroensap. Garneer met dunne reepjes citroenschil en eventueel met rozijnen.
Serveer met stijfgeklopte slagroom.

Geflambeerde bananen
(voor 6 personen)
Voorbereidingstijd: ca. 15 minuten
Baktijd: enkele minuten

6 kleine, stevige bananen
25 gram boter
2 eetlepels suiker
1 citroen
6 eetlepels cognac of rum

1. Pel de bananen en laat ze rondom kleuren in de boter. Bestrooi ze met suiker en 1 eetlepel citroenrasp en sprenkel er citroensap over. Verhit de cognac of de rum in een klein pannetje.

2. Als u de bananen aan tafel wilt flamberen, leg ze dan in een decoratieve koekepan op een spiritusbrander. Giet de warme cognac of rum erover, beweeg de pan heen en weer en houd hem scheef, zodat de vlam in de pan slaat. Til de pan op en beweeg hem heen en weer tot de vlammen gedoofd zijn. (Houd een deksel bij de hand voor het geval dat de cognac te lang en te heftig brandt.)
Geef er zure room of stijfgeklopte slagroom bij.
N.B. Veel mensen geven er de voorkeur aan om de bananen aan tafel te flamberen, maar deze handeling kan ook in de keuken worden verricht. Steek de cognac of de rum dan aan met een lucifer.

2. Snijd de bananen in de lengte door en doop ze in het beslag.

3. Bak ze met 3 of 4 stuks tegelijk in heet frituurvet goudbruin.

Decoratieve vruchtensalades

Spaanse sinaasappelsalade (links)
(voor 4 à 5 personen)
Bereidingstijd: ca. 15 minuten

4 à 5 zoete sinaasappelen
2 bananen
1,5 dl zoete sherry
25 à 50 gram bittere chocolade

1. Pel de sinaasappelen en verwijder het witte vlies onder de schil. Leg de vruchten op een bord en snijd ze in dunne schijven. Pel de bananen en snijd ze in schijfjes. Wentel de bananeschijfjes onmiddellijk in het sinaasappelsap op het bord.
2. Vermeng beide vruchten in een serveerschaal en giet de zoete sherry erover. Raap de chocolade boven het vruchtenmengsel en garneer met een paar dunne sinaasappelschillen.

Gevulde sinaasappelen (omslagfoto)
Een eenvoudig en gemakkelijk te maken vruchtendessert van sinaasappel en zure room. Voor 6 personen hebt u nodig:
6 sinaasappels, 1 dl zure room, 2 à 3 eetlepels suiker, ca. 50 gram walnoten en 2 eetlepels likeur (cointreau, grand marnier, enz.).
Snijd een dekseltje van de sinaasappelen, haal het vruchtvlees eruit en snijd dit in stukjes. Vermeng deze met zure room, suiker, likeur en enkele grof gehakte walnoten.
Vul de uitgeholde sinaasappelen met dit mengsel en garneer met walnoothelften.

Een sinaasappel in parten snijden
1. Schil de sinaasappel. Verwijder zoveel mogelijk van het witte vlies.

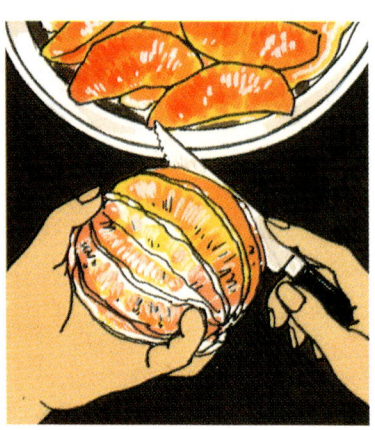

2. Snijd met een scherp mesje de partjes los, aan weerszijden langs de tussenschotjes.

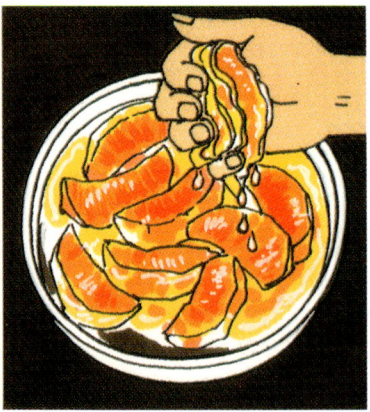

3. Leg de sinaasappelpartjes in een schaal en besprenkel ze met het sap van de uitgeperste velletjes.

Meloensalade (onder)
(voor 4 personen)
Bereidingstijd: ca. 15 minuten
Koeltijd: ca. 1 uur

½ suikermeloen van 400 à 500 gram
2 bananen
1 blikje mandarijnen
3 eetlepels sinaasappelsap
1 à 1,5 dl zoete witte wijn
1 trosje witte druiven

1. Schil de meloen, verwijder de zaadjes en snijd het vruchtvlees in stukjes. Leg deze in een schaal en zet ze ca. 1 uur in de koelkast.
2. Vermeng het sinaasappelsap met de witte wijn en voeg een scheutje siroop van de mandarijnen toe. Pel de bananen, snijd ze in schijfjes en leg deze direct in het wijnmengsel.
3. Was de druiven, halveer ze en verwijder de pitjes. Meng alle vruchten door elkaar en verdeel ze over 4 glazen coupes.
Serveer met slagroom.

Vruchtensalade met port-crème
(voor 6 à 8 personen)
Bereidingstijd: ca. 30 minuten

2 sinaasappelen
3 peren
2 appels
2 bananen
4 kiwi's
1 tros blauwe druiven
4 verse, of ½ blik perziken
1 citroen
25 à 50 gram amandelen
Voor de port-crème:
1 ei
2 eierdooiers
4 eetlepels suiker
1 dl witte port
2,5 dl slagroom

1. Schil de sinaasappelen en verwijder de witte velletjes. Snijd de sinaasappelen op een bord in dunne schijfjes. Snijd deze in vieren en giet het sap over in een kom.
2. Schil of pel appels, peren en bananen. Snijd het vruchtvlees in schijfjes en doe deze direct in het sinaasappelsap. Giet het sap van ½ citroen erover om verkleuring te voorkomen.
3. Dompel verse perziken enkele seconden in kokend water en daarna in koud water. Verwijder het velletje, halveer de perziken en snijd het vruchtvlees in blokjes. Meng de perzikblokjes direct met de appels en peren. Leg de sinaasappelstukjes bovenop. Schil de kiwi's en snijd ze in schijfjes. Was de druiven, halveer ze en verwijder de pitjes. Pel de amandelen en schaaf ze.
4. Klop het hele ei, de eierdooier en de suiker schuimig. Klop de port erdoor en zet de kom in een pan kokend water. Klop voortdurend, tot de massa dik en schuimig wordt. Laat het mengsel onder voortdurend roeren afkoelen. Klop de slagroom stijf en schep de room door het portmengsel.
5. Vermeng alle vruchten met de geschaafde amandelen en verdeel de vruchtensalade over 6 à 8 coupes, of doe hem in een grote serveerschaal. Schep een deel van de port-crème erover en serveer de rest van de crème apart.

Roomsaus voor vruchtensalade
(voor 4 personen)
Bereidingstijd: ca. 10 minuten

2 eierdooiers
3 eetlepels poedersuiker
2,5 dl slagroom
2 eetlepels cognac, rum, sherry, likeur, witte wijn of sinaasappelsap

1. Klop de eierdooiers met de suiker dik en schuimig. Meng hierdoor cognac, rum, wijn of vruchtsap naar smaak.
2. Klop de slagroom stijf en schep deze met een rubber spatel voorzichtig door het eimengsel.
Serveer direct.

Vier frisse vruchtentoetjes

Frambozen met sinaasappelroomsaus
(voor 4 personen)
Bereidingstijd: 15 à 20 minuten

ca. 500 gram verse of diepvriesframbozen
3 eierdooiers
2 eetlepels suiker
1 sinaasappel, ½ citroen
1 eetlepel sinaasappellikeur
2,5 dl slagroom
eventueel frambozenlikeur

1. Was de verse frambozen, indien nodig, of ontdooi de diepvriesframbozen. Drenk verse frambozen eventueel in de frambozenlikeur. Strooi wat suiker over de ontdooide frambozen.
2. Vermeng de eierdooiers met suiker, citroensap, citroen- en sinaasappelrasp. Klop de slagroom stijf en spatel er het dooiermengsel en de sinaasappellikeur door.
3. Schep de frambozen in coupes en giet de roomsaus erover. Garneer met een opgerold sinaasappel- of citroenschijfje.
Serveer direct.

Zomervruchten met ijs
(voor 4 personen)
Bereidingstijd: ca. 15 minuten
Marineertijd: ca. 1 uur

ca. 500 gram zomervruchten (rode bessen, zwarte bessen, frambozen, bosbessen, bramen, enz.)
5 dl vanille-ijs
ca. 2 dl slagroom of roomijs (zie blz. 56)
25 gram amandelen
Voor de siroop:
1 dl water
85 gram suiker
2 dl witte wijn

1. Was de vruchten en laat ze uitlekken. Maak een stroopje van suiker en water, laat dit afkoelen en roer de wijn erdoor. Giet de siroop over de vruchten en zet het geheel afgedekt in de koelkast.
2. Klop de slagroom stijf. Pel de amandelen en schaaf ze. Bak de amandelen in een koekepan goudbruin.
3. Schep de vruchten en de siroop in 4 gekoelde, glazen coupes, leg hierop een bolletje vanille-ijs en garneer met licht geklopte slagroom en geschaafde amandelen.
Serveer direct.

Variatie:
De suikersiroop kan ook gemaakt worden met vruchtenwijn (zwarte bessen of vlierbessen) in plaats van witte wijn.

Aardbeienmousse
(voor 4 personen)
Bereidingstijd: 15 à 20 minuten

ca. 250 gram verse of diepvries-aardbeien
3 à 4 eetlepels suiker
2 eiwitten
2,5 dl slagroom

1. Was de aardbeien en verwijder de kroontjes. Ontdooi de diepvries-aardbeien. Houd 4 mooie vruchten apart. Pureer de overige aardbeien met de suiker in een blender. Of prak de aardbeien fijn met een vork en roer de suiker erdoor.
2. Klop de eiwitten stijf en de slagroom lobbig. Houd een deel van de slagroom apart voor de garnering.
3. Schep het eiwit en de slagroom voorzichtig door de aardbeienpuree. Schep de mousse in 4 gekoelde glazen. Garneer met slagroom en de achtergehouden aardbeien.

TIP
Wanneer u de mousse van tevoren wilt bereiden, meng dan 4 gram opgeloste gelatine door de aardbeienpuree, om te voorkomen dat de mousse in elkaar zakt.

Aardbeien met amandelvla
(voor 4 personen)
Bereidingstijd: ca. 20 minuten
Koeltijd: 1 à 2 uur

300 à 400 gram aardbeien
4 eierdooiers
4 eetlepels suiker
enkele druppels vanille-essence
50 gram amandelen
2,5 dl room

1. Was de aardbeien, verwijder de kroontjes en strooi er wat suiker over. Klop de eierdooiers met de suiker en de vanille-essence dik en schuimig.
2. Blancheer de amandelen, pel ze en laat ze drogen. Maal of hak de amandelen fijn. Doe de amandelen in een pannetje, giet de room erbij en breng het geheel aan de kook.
3. Giet de kokende amandelroom al roerende bij het dooiermengsel. Giet het mengsel terug in het pannetje en klop het op een laag vuur tot u een gebonden vla hebt verkregen. Laat deze niet koken.
4. Laat de amandelvla afkoelen, roer af en toe. Dek de vla af en zet hem ca. 1 uur in de koelkast.
Schep aardbeien en vla om en om in laagjes in glazen. Serveer direct.

Van links naar rechts: Frambozen met sinaasappelroomsaus; Zomervruchten met ijs; Aardbeienmousse; Aardbeien met amandelvla.

Appels – voordelig en verrukkelijk

Gekaramelliseerde appels (onder)
(voor 6 personen)
Voorbereidingstijd: ca. 30 minuten
Baktijd: 10 à 20 minuten, afhankelijk van de soort appels
Oventemperatuur (middelste richel): 200 °C, thermostaat 6

6 grote, stevige appels
65 gram boter
350 gram suiker
25 à 50 gram amandelen

1. Bestrijk een ovenvaste schaal met 25 gram boter. Schil de appels, steek er de klokhuizen uit en besprenkel de appels met 25 gram gesmolten boter. Rol de appels door 100 gram suiker en zet ze in de beboterde schaal.
2. Zet de appels in de oven. De baktijd hangt af van de soort appels, de grootte, de tijd van het jaar en hoe ze bewaard zijn. Laat ze niet te gaar worden, anders vallen ze uit elkaar.
3. Pel de amandelen en schaaf ze. Smelt de resterende suiker in een koekepan zonder te roeren. Haal de pan van het vuur zodra de suiker lichtbruin is. Roer direct de overgebleven boter erdoor.
4. Haal de schaal uit de oven. Vul de appels met de amandelen en giet de karamel erover. Als u niet wilt dat de saus hard wordt, breng hem dan aan de kook met 1 dl water voor u hem over de appels giet.
Serveer de appels warm, met vanillecrème (zie Perziken in gelei op blz. 17) of ijs.

Appelmoes 'taartjes'
(voor 6 personen)
Bereidingstijd: ca. 15 minuten

6 kokosmakronen
2 à 3 eetlepels sherry of madera
3 à 4 dl stevige appelmoes
2,5 dl slagroom
25 à 50 gram amandelen

1. Leg de makronen op 6 bordjes en besprenkel ze met sherry of madera. Pel de amandelen en schaaf of hak ze grof.
2. Bedek de makronen met appelmoes en licht geklopte slagroom. Garneer met amandelen en serveer direct.

Variatie:
In plaats van geklopte slagroom kunt u dit gerechtje maken met vanillecrème (blz. 17) of roomsaus. Deze saus maakt u als volgt:
Doe in een pannetje 1 ei, 1 eierdooier, 2 eetlepels suiker, 1 eetlepel maizena en 2,5 dl melk of koffieroom. Verhit het mengsel op laag vuur, onder voortdurend roeren, tot de saus dik en glad is. Laat de saus afkoelen en roer van tijd tot tijd. Klop 1 dl slagroom stijf en schep deze door de gekookte room.

Appels met jam
(voor 4 à 5 personen)
Voorbereidingstijd: ca. 20 minuten
Baktijd: 10 à 20 minuten (afhankelijk van de soort appels)
Oventemperatuur (middelste richel): 200 °C, thermostaat 6

4 grote, stevige appels
25 gram boter
citroensap
50 gram poedersuiker
2 à 3 dl appelsap
bramen- of bosbessenjam

1. Schil de appels en steek de klokhuizen eruit. Vul de appels met een mengsel van zachte boter en poedersuiker en besprenkel ze met citroensap.
2. Beboter een ovenvaste schaal en zet de appels erin. Giet het appelsap in de schaal en zet de schaal in de oven tot de appels gaar zijn.
3. Haal de schaal uit de oven. Giet de room in de schaal en vul de appels met de jam.

Voor appels uit de oven kan fantasierijk met de vullingen worden gevarieerd:

Appels met jam, een verrukkelijk toetje, zowel voor een huiselijk etentje als bij een feestelijke gelegenheid.

Marsepeinvulling
Vermeng 50 à 75 gram gemalen amandelen met 2 eetlepels poedersuiker en 1 losgeklopt ei. Vul de appels met dit mengsel en ga verder te werk als in het vorige recept. Bestrooi de appels voor het opdienen met gezeefde poedersuiker.

Rozijnenvulling
Vermeng 25 gram zachte boter met 1 eetlepel suiker, 1 eetlepel port en 100 gram rozijnen. Vul de appels met dit mengsel en laat ze gaar worden in de oven.

Kaneelvulling
Vermeng 25 gram zachte boter met 2 eetlepels suiker en 2 theelepels gemalen kaneel. Vul de appels met dit mengsel en zet ze in de oven. Strooi voor het opdienen een mengsel van suiker en kaneel over de appels.

Bitterkoekjesvulling
Vul de appels met verkruimelde bitterkoekjes en besprenkel ze met 25 gram gesmolten boter. Zet ze in de oven en strooi er vlak voor het opdienen fijngehakte amandelen over.

Sinaasappelvulling
Vermeng 2 eetlepels dikke sinaasappelmarmelade met 2 eetlepels sinaasappelsap en 1 theelepel geraspte sinaasappelschil. Vul de appels met dit mengsel en zet ze in een schaal waarin wat sinaasappelsap is geschonken. Laat ze gaar worden op de gebruikelijke manier.

Appels uit de oven
1. *Verwijder het klokhuis.*
2. *Besprenkel de appels met citroensap om verkleuring te voorkomen.*
3. *Vul de appels, zet ze in een ovenvaste schaal en laat ze gaar worden.*

Appels met schuimkop (links)
(voor 4 personen)
Voorbereidingstijd: ca. 20 minuten
Baktijd: 10 à 20 minuten, afhankelijk van de soort appels
Oventemperatuur (middelste richel): 200 °C, thermostaat 6

4 grote, stevige appels
2 eetlepels suiker
1 theelepel kaneel
25 gram boter
Voor de schuimkop:
2 eiwitten
100 gram basterdsuiker
8 à 10 amandelen

1. Boen de appels schoon, steek de klokhuizen eruit en snijd er een kapje af. Strooi suiker en kaneel over de appels en zet ze in een goed ingevette ovenvaste schaal. Leg een klontje boter op elke appel en zet ze in de oven tot ze bijna zacht zijn.
2. Klop de eiwitten stijf en voeg, al kloppende, lepel voor lepel de suiker toe. Doe het eiwit in een spuitzak. Hak de amandelen fijn.
3. Haal de schaal uit de oven. Spuit op elke appel een rozetje eiwit en strooi er wat gehakte amandelen over. Zet de appels nog 6 à 8 minuten in de oven, tot het eiwit goudbruin is. Serveer de appels warm, met een warme of koude vruchtensaus. Hiervoor kunt u kersen-, aardbeien-, of frambozensap gebruiken. Bind het sap door het aan de kook te brengen met 1 à 2 theelepels in water opgeloste maïzena.

Appels met veenbessen (links)
(voor 4 personen)
Voorbereidingstijd: ca. 20 minuten
Baktijd: 10 à 20 minuten, afhankelijk van de soort appels
Oventemperatuur (middelste richel): 200 °C, thermostaat 6

4 à 6 grote, stevige appels
sap van ½ citroen
15 gram boter
ca. 8 eetlepels veenbessensaus
1 peer
1 eetlepel rum (eventueel)
2 eiwitten
4 eetlepels suiker

1. Boen de appels schoon, snijd er een kapje af en steek de klokhuizen eruit. Besprenkel de appels met citroensap en zet ze in een goed ingevette ovenvaste schaal.
2. Vul de appels met een mengsel van veenbessensaus, geschilde en in

stukjes gesneden peer en desgewenst de rum. Zet de appels in de oven tot ze bijna gaar zijn.
3. Klop de eiwitten stijf en voeg, al kloppende, lepelsgewijs de suiker toe. Haal de schaal uit de oven en leg een lepel eiwit op elke appel. Zet de appels nog 6 à 8 minuten in de oven, tot het eiwit goudbruin is.
Serveer warm.

Feestelijke appelcompote (rechts)
(voor 4 personen)
Voorbereidingstijd: ca. 20 minuten
Kooktijd: ca. 15 minuten

4 grote Cox's Oranges of andere stevige appels
Voor de siroop:
1 dl water
85 gram suiker
1 kruidnagel
½ citroen
1 klein kaneelstokje
2 à 3 dl zoete witte wijn

1. Maak een siroop van suiker, water, het sap en de geraspte schil van de ½ citroen, kruidnagel en kaneel. Laat dit mengsel ca. 10 minuten zachtjes koken. Haal de pan van het vuur en roer de witte wijn door de siroop.
2. Schil de appels, verwijder de klokhuizen en snijd het vruchtvlees boven de pan in schijfjes, zodat ze in de siroop vallen.
Stoof de appelschijfjes op laag vuur tot ze bijna gaar zijn. Laat ze niet tot moes koken. Laat de appels in de siroop afkoelen. Verwijder kruidnagel en kaneel. Serveer de compote koud, met slagroom.

Verscholen appels
(voor 4 à 6 personen)
Bereidingstijd: 20 à 30 minuten

ca. 750 gram mooie appels
suiker
150 à 200 gram beschuitkruim of gedroogd kruim van wittebrood
2 à 3 eetlepels suiker
25 à 40 gram boter
ca. 6 eetlepels aardbeienjam
2,5 dl slagroom

1. Schil de appels, snijd ze in stukjes en kook deze met water tot een stevige moes. Breng deze op smaak met suiker en laat hem afkoelen.
2. Vermeng beschuitkruim of gedroogd broodkruim met 2 à 3 eetlepels suiker en bak het mengsel in de boter in een koekepan. Roer voortdurend om aanbakken te voorkomen. Laat al roerende afkoelen.
3. Leg het beschuitmengsel, de jam en de appelmoes om en om in lagen in een schaal. De laatste laag moet uit beschuit bestaan. Klop de slagroom stijf met 2 à 3 eetlepels suiker en bedek het gerecht met rozetjes geslagen slagroom.

Ouderwets appeldessert
(voor 6 personen)
Bereidingstijd: ca. 20 minuten

ca. 1 kg appels
85 gram suiker
100 gram broodkruim
25 à 40 gram boter
50 gram amandelen
2,5 dl slagroom
rode-bessen- of appelgelei

1. Schil de appels en verwijder de klokhuizen. Snijd het vruchtvlees in schijfjes en kook deze in een bodempje water bijna gaar. (Heel sappige appels kunnen, in gesloten pan, zonder water worden gekookt.) Roer 2 à 3 eetlepels suiker door de appels en laat ze afkoelen.
2. Vermeng broodkruim met de resterende suiker en gepelde, fijngehakte amandelen en bak dit mengsel in boter in een koekepan, roer voortdurend, om aanbakken en aan elkaar plakken te voorkomen.
3. Leg de appels, het broodkruim en de licht geklopte slagroom om en om in lagen in een kom. De bovenste laag moet uit slagroom bestaan. Garneer met rode-bessen- of appelgelei en dien het gerecht onmiddellijk op.

Appelkruimeltaart
(voor 6 personen)
Voorbereidingstijd: ca. 15 minuten
Baktijd: ca. 40 minuten
Oventemperatuur (middelste richel): 200 °C, thermostaat 6

ca. 750 gram appels
sap van 1 citroen
100 gram sultanarozijnen
5 eetlepels suiker
1 theelepel kaneel
Voor het kruimeldeeg:
125 gram boter
125 gram bloem
85 gram suiker
50 gram amandelen

1. Schil de appels, snijd ze in vieren, verwijder de klokhuizen en snijd de parten in halve maantjes. Leg de appelschijfjes in een goed beboterde ovenvaste schaal. Pers de citroen uit boven de appels en vermeng de appels met sultanarozijnen, suiker en kaneel.
2. Vermeng de boter met de bloem tot een kruimeldeeg ontstaat. Voeg suiker en grof gehakte amandelen toe en meng alles goed. Verdeel dit mengsel gelijkmatig over de appels. Bak de taart zoals hierboven aangegeven.
Serveer de taart heet of lauw, met licht geslagen slagroom of zacht vanille-ijs.

Appel-amandeldessert (boven)
(voor 4 à 6 personen)
Voorbereidingstijd: ca. 15 minuten
Baktijd: ca. 45 minuten
Oventemperatuur (middelste richel): 200 °C, thermostaat 6

ca. 1 kg mooie, stevige appels
sap van 1 citroen
1 à 2 dl witte wijn of appelsap
175 gram suiker
enkele druppels vanille-essence
100 gram broodkruim
100 gram boter
50 gram amandelen

1. Bestrijk een ovenvaste schaal met 25 gram boter. Schil de appels, verwijder de klokhuizen en snijd ze boven de schaal in schijfjes. Besprenkel ze direct met citroensap. Giet de wijn of het appelsap in de schaal en dek deze af met aluminiumfolie. Zet de appels 10 minuten in de oven.
2. Vermeng de suiker met de vanille-essence en het broodkruim en verdeel dit mengsel over de appels. Smelt de rest van de boter, giet deze over de appels en zet de schaal weer in de oven. Zet de schaal, onbedekt, nog 30 à 35 minuten in de oven. Strooi er 5 minuten voor het einde van de baktijd de gepelde en geschaafde amandelen over.
Dien het gerecht warm op, met stijfgeklopte slagroom.

Appelpastei (rechts)
(voor 6 personen)
Voorbereidingstijd: ca. 30 minuten
Rusttijd voor het deeg: ca. 1 uur
Baktijd: 30 à 40 minuten
Oventemperatuur (middelste richel): 200 °C, thermostaat 6

Voor het korstdeeg:
100 gram boter
150 gram bloem
2 eetlepels basterdsuiker
1 ei
Voor de vulling:
750 gram appels
85 gram suiker
1 theelepel kaneel
100 gram rozijnen
25 gram boter
1 dl slagroom

1. Prak de in stukjes gesneden boter door het deeg met een vork tot een kruimeldeeg ontstaat. Voeg de suiker en ½ losgeklopt ei toe en eventueel een scheutje koud water en meng alles snel, zonder te kneden, tot u een samenhangend deeg hebt verkregen. Laat het deeg, verpakt in folie, ca. 1 uur op een koude plaats rusten.
2. Schil de appels, verwijder de klokhuizen en snijd het vruchtvlees in schijfjes. Leg deze in een beboterde ovenvaste schaal. Strooi er wat suiker en kaneel en de rozijnen over en leg hier en daar een klontje boter.
3. Rol het deeg uit tot een lap die iets groter is dan het oppervlak van de schaal. Leg de deeglap over de appels en druk de randen goed aan. Maak in het midden van het deeg een gaatje. Rol een stukje aluminiumfolie op en zet dit als een schoorsteentje rechtop in het gaatje. Maak van restjes deeg dunne rolletjes en leg deze langs de rand van de schaal en om het schoorsteentje. Bestrijk het deeg met losgeklopt ei en bak de taart zoals bovenaan aangegeven.
4. Verwijder het schoorsteentje ca. 10 minuten voor het einde van de bereidingstijd en giet de room in het gaatje. Zet de schaal in de oven terug, opdat room en sappen zich kunnen vermengen.
Serveer heet of lauw.

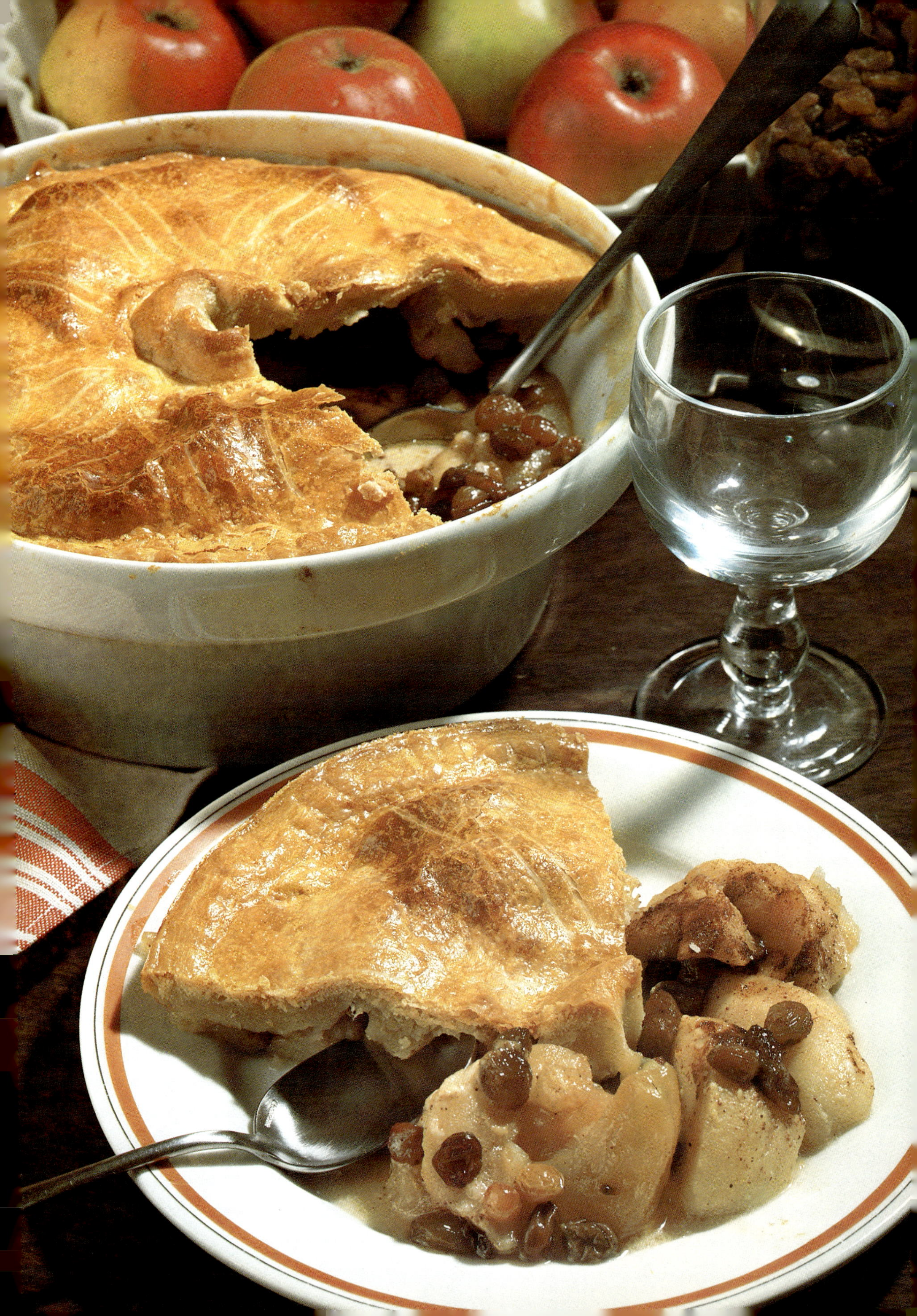

Vruchten op een andere manier

Een nagerecht met vruchten hoeft nooit te vervelen. Wat dacht u van peren in port met amandelkaramel, aan tafel geflambeerde vijgen of perziken met frambozenpuree en ijs? Uw disgenoten zullen verrast zijn!

Geflambeerde vijgen (onder)
(voor 4 à 6 personen)
Bereidingstijd: ca. 20 minuten

1 blik vijgen van ca. 450 gram
25 à 50 gram amandelen
40 gram boter
sap van 1 citroen
85 gram suiker
0,5 dl Pernod of cognac

1. Leg een zeef boven een schaal en laat hierin de vijgen uitlekken. Bewaar het vocht. Pel en schaaf de amandelen en bak ze goudbruin in 15 gram boter.
2. Haal de amandelen uit de pan. Strooi de suiker in de achtergebleven boter; verhit de pan op een laag vuur tot de suiker lichtbruin is. Giet een mengsel van ca. 2 dl vijgen- en citroensap in de pan, breng het geheel al roerende aan de kook en laat het mengsel zachtjes koken tot u een gladde saus hebt verkregen.
3. Leg de vijgen in een flambeerpan en giet de saus erover. Verhit de pan aan tafel bijvoorbeeld op een spiritusbrander. Giet de verwarmde Pernod of cognac over de vijgen, beweeg de pan heen en weer en houd er een brandende lucifer bij. Beweeg de pan tot de vlammen zijn gedoofd. Houd tijdens het flamberen altijd een deksel bij de hand voor het geval dat de vlammen te lang en te heftig branden.
Serveer direct.

Schuimtaart met peren
(voor 4 à 6 personen)
Voorbereidingstijd: ca. 30 minuten
Springvorm van 20 cm doorsnede
Baktijd: ca. 30 minuten
Oventemperatuur (middelste richel): 150 à 160 °C, thermostaat 2 à 3

Voor de schuimbodem:
75 à 100 gram amandelen
85 gram bastersuiker
50 gram broodkruim
¾ theelepel bakpoeder
3 eiwitten
Voor de vulling:
6 grote peren
85 gram bastersuiker
1,5 dl zoete witte wijn
½ vanillestokje
1 potje cocktailkersen
2 dl slagroom of zure room
2 eetlepels port of madera
Voor de chocoladesaus:
150 gram bittere chocolade
15 gram boter
4 eetlepels slagroom

1. Blancheer de amandelen, pel ze, droog ze en maal ze fijn in een molen of een keukenmachine. Voeg suiker, broodkruim en bakpoeder toe en schep de stijfgeklopte eiwitten door het mengsel. Beboter en bebloem een springvorm en schep het amandelmengsel erin. Bak de taartbodem ca. 30 minuten en laat hem afkoelen.
2. Maak een siroop van suiker, 3 dl water en ½ vanillestokje. Voeg de witte wijn en de geschilde, gehalveerde peren toe. Pocheer de peren bijna gaar en laat ze in de siroop afkoelen.
3. Breek de chocolade in stukjes, doe deze met de boter en de room in een pan met dikke bodem en laat ze op een laag vuur smelten. Blijf roeren tot u een gladde saus hebt verkregen. Houd de saus warm.
4. Besprenkel de taartbodem ca. 1 uur voor het opdienen met port of

madera en bedek hem met een laag licht geklopte slagroom of zure room. Leg de goed uitgelekte peren en de cocktailkersen op de room en giet er wat chocoladesaus over. Serveer de rest van de saus apart.

Peren in port
(voor 4 personen)
Voorbereidingstijd: ca. 20 minuten
Kooktijd: 10 à 20 minuten, afhankelijk van de soort peren

8 kleine, stevige peren
Voor de siroop:
1 sinaasappel
2 à 3 dl port
150 gram suiker
Voor de amandelkaramel:
85 gram suiker
snuifje bakpoeder
Voor de crème Chantilly:
2,5 dl slagroom
1 à 2 eetlepels poedersuiker
enkele druppels vanille-essence

1. Smelt de suiker voor de amandelkaramel in een droge braadpan. Roer niet, maar schud de pan voorzichtig, tot de suiker lichtbruin en vloeibaar is. Roer de bakpoeder door de gesmolten suiker om de karamel poreus te maken. Giet de gesmolten suiker in een dun laagje op een stuk vetvrij, met olie bestreken papier.
2. Boen de sinaasappel met een harde borstel schoon in warm water, spoel hem af onder de koude kraan en droog hem af. Schil de sinaasappel met een dunschiller (alleen het oranje gedeelte van de schil moet verwijderd worden) en leg de schilletjes in een zeef. Giet er kokend water over en snijd ze in reepjes.
3. Maak een stroopje van port, suiker, sinaasappelsap en -schilletjes. Schil de peren, verwijder de steeltjes niet. Pocheer de peren in de portsiroop; laat ze niet te zacht worden. Doe peren en siroop in een kom en laat het geheel afkoelen. Strooi er wat verkruimelde amandelkaramel over. Serveer de peren met crème Chantilly: klop de slagroom stijf en breng hem op smaak met poedersuiker en vanille-essence.

Boven: Peren in port worden bestrooid met amandelkaramel en opgediend met licht geklopte slagroom.
Rechts: Deze schuimtaart met peren die ieders bewondering zal wekken, is niettemin eenvoudig te bereiden.

Een vorstelijk nagerecht met gedroogde vruchten. Deze vruchtencompote wordt met licht geslagen slagroom geserveerd.

Puree van zuidvruchten
(voor 4 à 6 personen)
Voorbereidingstijd: ca. 10 minuten, plus een nacht weken
Kooktijd: 20 minuten

350 à 400 gram gedroogde vruchten
ca. 1 liter water
suiker
2 à 3 eetlepels arrowroot

1. Laat de vruchten een nacht weken in koud water. Kook ze in het weekwater zacht. Laat de vruchten enigszins afkoelen en wrijf ze dan door een zeef of pureer ze met vocht en al in een blender.
2. Breng de vruchtenpuree aan de kook. Haal de pan van het vuur. Breng de massa op smaak met suiker. Maak een 'papje' van arrowroot en een scheutje water en roer dit door de vruchten. Giet de puree in een serveerschaal en strooi er wat suiker over. (Dit voorkomt dat zich een vel vormt.)
Serveer gekoeld, met slagroom.

Vruchtencompote
(voor 4 à 6 personen)
Voorbereidingstijd: ca. 15 minuten, plus een nacht weken
Kooktijd: 10 à 15 minuten
Koeltijd: ca. 2 uur

ca. 200 gram gedroogde abrikozen
ca. 200 gram gedroogde vijgen
ca. 150 gram gedroogde pruimen
ca. 100 gram rozijnen
suiker
sap van 1 citroen

1. Overgiet alle vruchten, behalve de rozijnen, met water, dek ze af en zet ze een nacht op een koude plaats.
2. Kook de vruchten bijna gaar en haal de pan van het vuur. Laat de vruchten ca. 20 minuten afkoelen, voeg dan citroensap toe en breng de compote op smaak met suiker.
3. Haal de vruchten met een schuimspaan uit de pan en leg ze in een schaal. Breng de siroop aan de kook, laat hem even inkoken en giet hem vervolgens over de vruchten. Dien de compote koud op, met licht geklopte slagroom.

Gedroogde vruchten

Het is handig om altijd een hoeveelheid gedroogde vruchten (pruimen, abrikozen, vijgen of rozijnen) in voorraad te hebben, want zuidvruchten lenen zich uitstekend voor alledaagse en feestelijke toetjes.

Vuchtensoep
(voor 4 à 5 personen)
Voorbereidingstijd: ca. 10 minuten, plus een nacht weken
Kooktijd: 15 à 25 minuten

ca. 200 gram gedroogde vruchten
ca. 1½ liter water
suiker
ca. 2 eetlepels arrowroot

1. Neem naar keuze een of meer soorten gedroogde vruchten en laat ze een nacht in koud water weken.
2. Kook de vruchten gaar in het weekwater en voeg suiker naar smaak toe. Meng arrowroot met wat koud water en bind het vocht hiermee.
Serveer de vruchtensoep warm of koud, met dunne, knapperige biscuitjes, bitterkoekjes of croûtons bestrooid met suiker.

Variatie:
U kunt de vruchten voor het koken fijnsnijden, of na het koken zeven of pureren.

Pruimenkrans
(voor 6 personen)
Voorbereidingstijd: ca. 20 minuten, plus een nacht weken
Kooktijd: 15 à 20 minuten
Koeltijd: 2 à 3 uur

ca. 250 gram gedroogde pruimen
5 dl water
suiker
16 gram (8 blaadjes) gelatine
2 dl port
1 à 2 eetlepels citroensap
2,5 dl slagroom
12 bitterkoekjes

1. Laat de pruimen een nacht weken in koud water. Week de gelatine in 4 eetlepels koud water. Kook de pruimen in het weekwater zachtjes gaar, onder toevoeging van suiker naar smaak. Haal de pruimen met een schuimspaan uit de pan. Laat de gelatine au bain-marie oplossen. Doe port, citroensap en pruimenvocht bij de gelatine.
2. Giet een gedeelte van dit mengsel in een ringvorm van ca. 1 liter inhoud en laat de gelei opstijven. Leg de pruimen in de vorm (grote exemplaren halveert u), giet er een laagje gelei over en laat dit opstijven. Vul de vorm met de rest van de gelei, dek hem af met folie en zet hem in de koelkast.

3. Zodra de gelei geheel is opgestijfd kunt u met een scherp mesje de randen losmaken. Dompel de vorm even in heet water, leg een serveerschaal op de vorm, schud even en keer de vorm om, zodat de pruimengelei op de schaal terechtkomt.
4. Vul de holte van de pruimenkrans met half stijfgeklopte slagroom, eventueel vermengd met verkruimelde bitterkoekjes. Schik de rest van de bitterkoekjes langs de rand van de schaal.
Serveer goed gekoeld.

Abrikozentaart
(voor 6 personen)
Voorbereidingstijd: ca. 30 minuten, plus een nacht weken
Baktijd: 20 à 25 minuten
Oventemperatuur (middelste richel): 200 °C, thermostaat 6

150 à 200 gram gedroogde abrikozen
5 dl water
suiker
1 eetlepel maïzena
50 gram amandelen
2,5 dl slagroom
ca. 350 gram (diepvries)bladerdeeg
1 ei
rietsuiker

1. Laat de abrikozen een nacht weken in koud water. Snijd de vruchten in kleine stukjes en kook ze gaar in het weekwater. Voeg suiker naar smaak toe. Bind het vocht met in koud water opgeloste maïzena. Ontdooi het bladerdeeg.

2. Pel de amandelen en halveer ze of hak ze grof. Roer de amandelen door het abrikozenmengsel en laat dit afkoelen.
3. Rol het deeg tamelijk dun uit. Snijd er een cirkel uit met behulp van een groot bord. Leg de deeglap op een bakplaat. Prik er met een vork gaatjes in en bestrijk het deeg met losgeklopt ei. Snijd uit de rest van het deeg een smalle ring, even groot als de buitenkant van de deeglap, en smalle reepjes. Maak een vlechtwerk van de reepjes en leg dit op de deegring. Leg het geheel eveneens op de bakplaat.
4. Bestrijk het deegdeksel ook met losgeklopt ei en strooi er rietsuiker over. Bak het deeg 20 à 25 minuten. Laat het even uitdampen op de bakplaat voor u het baksel op een taartrooster legt.
5. Wacht met de afwerking tot vlak voor het opdienen. Klop de slagroom stijf en bestrijk de taartbodem met een dun laagje slagroom. Schep de abrikozenvulling erover en bedek de vulling met slagroom. Leg tot slot het vlechtwerk bovenop.
Serveer onmiddellijk.

Nagerechten met melk

Over de gehele wereld is melk een hoofdbestanddeel van bekende en traditionele nagerechten. In onderstaande recepten wordt niet alleen melk verwerkt, maar ook room, karnemelk en yoghurt.

Bevroren yoghurtmousse
(voor 4 à 6 personen)
Bereidingstijd: 15 minuten
Vriestijd: 2 à 3 uur

ca. 250 gram verse of diepvries-aardbeien of -frambozen
suiker
3 dl yoghurt
3 eiwitten
2,5 dl slagroom

1. Was de vruchten en verwijder de kroontjes of ontdooi de diepvriesvruchten. Pureer de vruchten in een blender met 2 à 3 eetlepels suiker.
2. Vermeng de vruchtenpuree met de yoghurt, klop het mengsel goed en voeg desgewenst nog wat suiker toe. Zet het mengsel ongeveer 1 uur in het vriesvak, roer van tijd tot tijd. Haal het mengsel uit het vriesvak als het half bevroren is.
3. Klop de eiwitten stijf en 1 dl van de slagroom licht. Schep eiwit en slagroom na elkaar door het yoghurtmengsel. Zet het gerecht weer 1 à 2 uur in het vriesvak; roer af en toe. Verplaats de yoghurtmousse ca. 20 minuten voor het opdienen naar de koelkast. Klop het mengsel nog eens op en verdeel het over glazen. Garneer met rozetjes stijfgeslagen slagroom.

Karnemelkmousse
(voor 4 à 5 personen)
Bereidingstijd: ca. 10 minuten
Opstijftijd: 1 à 2 uur

10 gram (5 blaadjes) gelatine
5 dl karnemelk
3 à 4 eetlepels suiker
enkele druppels vanille-essence of
1 theelepel citroensap
2,5 dl slagroom

1. Laat de gelatine weken in 3 eetlepels koud water. Verhit de karnemelk met suiker en voeg vanille-essence of citroenrasp toe.
2. Laat de gelatine au bain-marie oplossen en giet de oplossing al roerende bij de karnemelk. Laat het geheel afkoelen en lobbig worden.
3. Klop de slagroom stijf en schep hem door de karnemelk. Giet het mengsel in een pudding- of ringvorm die tevoren met koud water is omgespoeld. Laat het gerecht op een koude plaats opstijven. Stort de mousse op een schaal en garneer eventueel met verse vruchten (bestrooid met suiker), vruchten uit blik of warme vruchtensaus.

Variatie:
U kunt de mousse ook maken van melk of yoghurt.

Vanillepudding
(voor 4 à 6 personen)
Bereidingstijd: 20 minuten
Opstijftijd: 1 à 2 uur

10 gram (5 blaadjes) gelatine
4 eierdooiers
4 eetlepels basterdsuiker
4 dl melk of 2 dl melk en
2 dl slagroom
1 vanillestokje

1. Week de gelatine in 3 eetlepels koud water en laat de blaadjes oplossen door het kommetje in een pan met kokend water te zetten. Splijt het vanillestokje, leg het in de melk of het mengsel van melk en room en breng het geheel aan de kook.
2. Klop de eierdooiers los met de suiker, giet er al roerende een scheutje kokende melk bij. Giet het mengsel bij de melk in de pan, zet deze weer op het vuur en blijf roeren tot het mengsel gebonden is, maar laat de vla niet koken.
3. Verwijder het vanillestokje en voeg onder voortdurend roeren de opgeloste gelatine toe. Giet de vla in een met koud water omgespoelde puddingvorm, dek de vorm af en laat de pudding in de koelkast opstijven.
4. Maak met een mesje de rand van de pudding los en stort de pudding op een serveerschaal. Garneer met amandelschaafsel, gehakte walnoten, verkruimelde bitterkoekjes, geraspte chocolade of slagroomrozetjes.
Dien de pudding koud op met een koude of warme vruchtensaus (zie hiernaast).

Maak op een warme zomerdag eens een karnemelkcrème. Op de foto ziet u karnemelkcrème met citroen.

Rumpudding
Volg het recept van vanillepudding, maar gebruik 0,5 à 1 dl rum in plaats van vanille. Garneer met stijfgeklopte slagroom en geraspte chocolade.

Vruchtensaus
Verhit de inhoud van een blik kersen (500 gram) met een beetje water tot de vloeistof bijna kookt. Bind de saus met ½ à 1 eetlepel maïzena, opgelost in een scheutje koud water.
U kunt voor de saus ook aardbeien, frambozen, zwarte bessen, rode bessen of andere vruchten uit blik gebruiken. U kunt echter ook een saus van verse vruchten maken of een kant en klare vruchtensaus gebruiken.

Chocoladepudding
(voor 4 personen)
Bereidingstijd: ca. 15 minuten

8 dl melk
3 eetlepels aardappelmeel
2½ eetlepel cacao
3 à 4 eetlepels suiker
enkele druppels vanille-essence

1. Vermeng melk, aardappelmeel, cacao en suiker in een pan en breng het mengsel al roerende aan de kook.
2. Breng de vla op smaak met vanille-essence en giet het mengsel in een schaal of in glazen coupes. Strooi er wat suiker over om te voorkomen dat er een vel op komt. Opdienen met stijfgeklopte slagroom.

Variatie:
Deze pudding krijgt nog een extra smaakaccent door toevoeging van een paar lepels oranjemarmelade of fijngehakte gekonfijte sinaasappelschil.

Karnemelkcrème
(voor 4 à 5 personen)
Bereidingstijd: ca. 10 minuten

1 ei
2 eierdooiers
3 à 4 eetlepels suiker
¾ liter karnemelk
½ à 1 citroen

1. Klop het ei en de eierdooiers met de suiker dik en schuimig. Doe het mengsel in een serveerschaal.
2. Roer de ijskoude karnemelk erdoor en breng het geheel op smaak met citroensap en citroenrasp. Serveer met stijfgeklopte slagroom en dunne schijfjes citroen. Ook suikerwafeltjes smaken hier uitstekend bij.

Karnemelkcrème met vruchten
Vervang het citroensap door met suiker bestrooide aardbeien of frambozen en schijfjes banaan of licht geroosterde fijngehakte amandelen.

Rijst met room
(voor 4 à 6 personen)
Bereidingstijd: 10 minuten

4 à 5 dl rijstpudding
2 theelepels vanillesuiker
1 eetlepel suiker
⅛ liter slagroom

1. Roer de vanillesuiker en de gewone suiker door de rijstpudding.
2. Klop de slagroom stijf en spatel deze door de rijstpudding.
Serveer met vruchtensaus of jam.

Een klassiek nagerecht

U hoeft echt geen vermaard kok te zijn om dit klassieke en alom geliefde toetje te kunnen maken. U volgt gewoon de aanwijzingen in het recept en bij de illustraties en succes is verzekerd.

Crème karamel
1. Smelt de suiker in een pan of braadpan met dikke bodem. Laat de suiker lichtbruin kleuren. Roer niet voor de suiker bruin is.

2. Giet de karamel in één grote of een aantal kleine vormen. Draai de vorm in het rond om de karamel gelijkmatig te verdelen.

Crème karamel

(voor 5 à 6 personen)
Voorbereidingstijd: ca. 30 minuten
Baktijd: 25 à 60 minuten
Koeltijd: 2 à 3 uur
Oventemperatuur (onderste richel):
150 °C, thermostaat 2 of 3

350 gram suiker
5 eieren
5 dl koffieroom
½ à 1 vanillestokje
1 à 2 dl slagroom

1. Smelt in een droge braadpan ca. 250 gram suiker bij lage tot middelmatige hitte. Laat de suiker lichtbruin worden; roer niet, tot de suiker tegen de rand van de pan borrelt. Giet de karamel in 5 à 6 warme ovenvaste vormpjes, in een grote vorm of in een springvorm met een inhoud van ca. 1½ liter.
2. Houd de vormen met ovenwanten vast en draai ze snel om de karamel gelijkmatig over bodem en wanden te verdelen. Giet de overgebleven karamel in de pan terug, voeg 2 dl water toe en breng het geheel al roerende aan de kook. Blijf roeren tot de karamel gesmolten en de saus glad is. Giet de saus in een kannetje en laat hem afkoelen.
3. Klop de eieren los met 100 gram suiker. Breng de koffieroom aan de kook met het vanillestokje. Roer het eimengsel erdoor. Giet het mengsel voorzichtig in de vorm(en). Dek deze met aluminiumfolie en zet ze in een braadslee met kokend water.
4. Zet het geheel in de voorverwarmde oven. Kleine vormpjes hebben 20 à 25 minuten nodig, een ringvorm 35 à 40 minuten en een grote vorm 45 à 60 minuten. Controleer met een mesje of het mengsel gaar is.
5. Laat de crème karamel afkoelen. Stort de vorm(en) op een serveerschaal als ze nog lauwwarm zijn en laat ze verder afkoelen.
Garneer met stijfgeklopte slagroom en serveer de karamelsaus apart of roer deze door de slagroom.

Crème karamel in ringvorm

(voor 6 personen)
Bereidingstijd: ca. 30 minuten
Opstijftijd: 2 à 3 uur

10 gram (5 blaadjes) gelatine
250 gram kristalsuiker
½ vanillestokje
½ liter koffieroom
3 eieren
4 eetlepels basterdsuiker
2,5 dl slagroom

1. Laat de gelatine weken in 3 eetlepels koud water. Smelt de kristalsuiker in een droge braadpan en giet de helft van de gesmolten suiker in een ringvorm met een inhoud van 1½ liter. Houd de vorm met ovenwanten vast en draai hem rond om de karamel gelijkmatig te verdelen. Giet 1½ à 2 dl water bij de rest van de suiker in de braadpan, breng het geheel aan de kook en roer tot een gladde saus is ontstaan. Laat deze afkoelen.
2. Breng de koffieroom met de gehakte amandelen en het gespleten vanillestokje aan de kook. Klop de eierdooiers met suiker, voeg een scheutje kokende room toe en giet dit mengsel al roerende bij de kokende room. Blijf roeren tot het mengsel dik en glad is. Laat de vla niet koken. Verwijder het vanillestokje.
3. Los de gelatine op door het kommetje in een heet waterbad te zetten en roer de gelatine door de warme vla. Laat de vla afkoelen en lobbig worden, roer van tijd tot tijd. Spatel er dan de stijfgeklopte eiwitten door, evenals 1 dl stijfgeklopte slagroom. Giet het mengsel in een ringvorm, dek deze af met folie en laat de inhoud opstijven.
4. Maak de rand van de crème los met een mesje, dompel de vorm even in heet water om de buitenste laag karamel te laten smelten en stort de crème karamel op een serveerschaal.
5. Klop de overgebleven slagroom stijf. Roer de slagroom door de karamelsaus en schep het mengsel in het midden van de crème. Serveer goed gekoeld.

Variatie:

U kunt dit dessert ook maken zonder de vorm met karamel te bekleden; de crème kan dan gemakkelijker gestort worden.
Garneer de crème voor het opdienen met amandelkaramel, gemaakt van gesmolten bruine suiker vermengd met 4 à 5 eetlepels gehakte amandelen en een snufje bakpoeder. Giet dit mengsel op vetvrij, met olie ingevet papier. Laat het afkoelen en verkruimel het met een deegrol. Vermeng de slagroom met de amandelkaramel en schep het mengsel in het midden van de pudding.

3. Breng room en vanille aan de kook en roer er geklopt ei en suiker door. Roer het mengsel glad en giet het in de vorm of vormpjes.

4. Verwarm de oven voor. Vul de braadslede voor de helft met kokend water en zet hem in de oven. Zet de vorm of vormpjes in het water.

5. Controleer of de pudding gaar is door een scherp mesje in het midden te steken. Het mesje moet er schoon uitkomen.

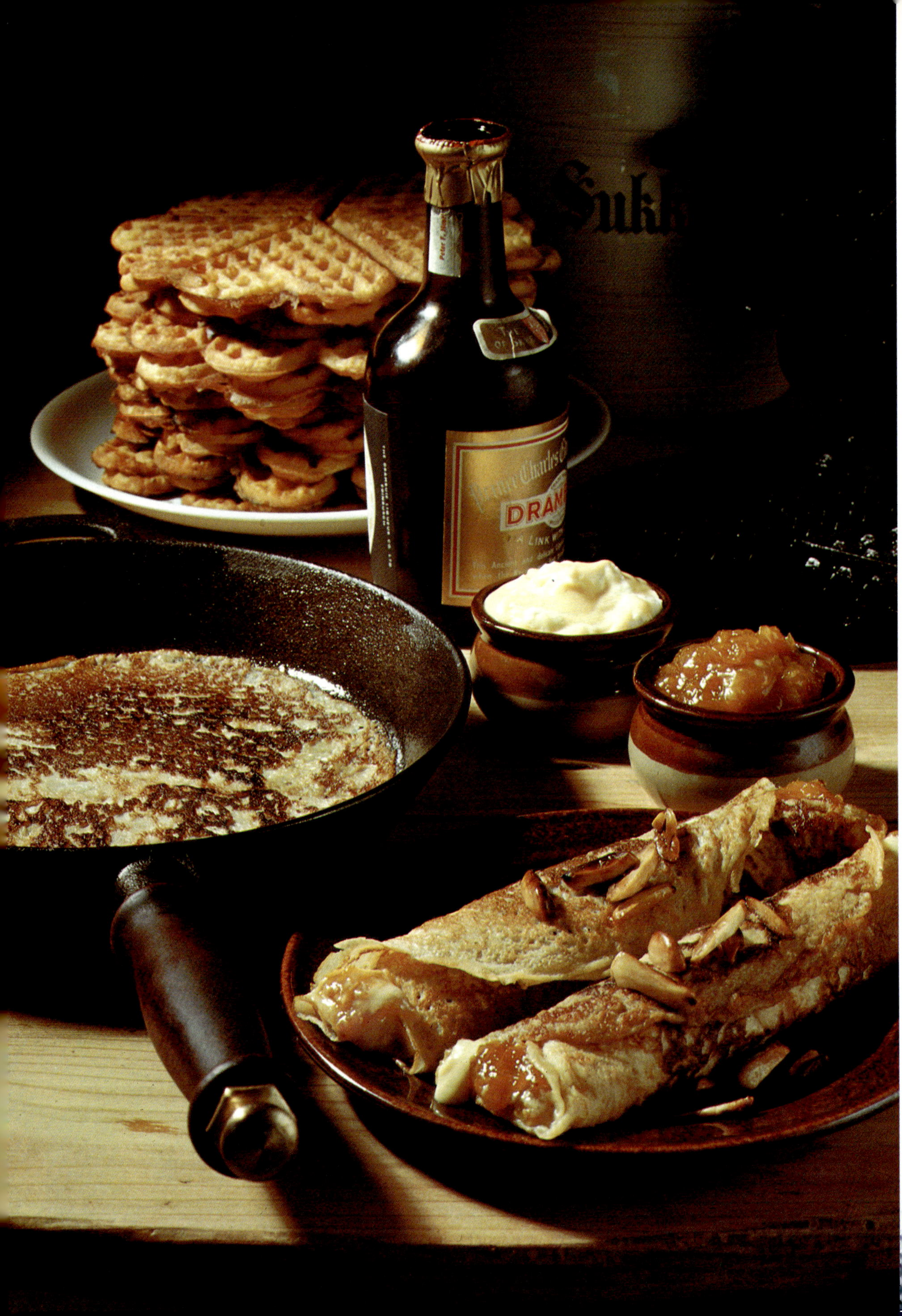

Flensjes en wafels

Crêpes Suzette
(voor 4 à 5 personen)
Bereidingstijd: ca. 30 minuten
Koeltijd: ca. 30 minuten

Voor de flensjes:
100 gram bloem
½ theelepel zout
1 theelepel suiker
3 dl koffieroom of -melk
3 eieren
25 gram boter
Voor de saus:
25 gram boter
2 sinaasappelen
8 suikerklontjes
0,5 dl sinaasappellikeur

1. Vermeng de bloem met zout, suiker, koffieroom of -melk, eieren en gesmolten boter tot een glad beslag. Bak hiervan dunne flensjes en vouw deze in vieren.
2. Doe 25 gram boter in een pan en zet de pan op een spiritusbrander. Was de sinaasappelen goed. Wrijf de suikerklontjes tegen de sinaasappelschil tot ze uit elkaar vallen in de pan. Pers de sinaasappelen uit, giet het sap in de pan en breng het aan de kook.
3. Leg de flensjes in de pan en verwarm ze in de sinaasappelsaus. Voeg de sinaasappellikeur toe, laat deze even meewarmen en steek met een lucifer de saus aan. Dien de flensjes direct op, eventueel met zacht vanille-ijs.

Flensjes met abrikozen en likeurcrème (links voorgrond)
(voor 8 à 10 personen)
Bereidingstijd: ca. 30 minuten
Baktijd: ca. 40 minuten

Voor de flensjes (ca. 20 stuks):
250 gram bloem
4 grote eieren
5 dl melk of karnemelk
1 theelepel zout
1 theelepel suiker
½ theelepel geraspte nootmuskaat
50 gram boter
Voor de likeurcrème:
4 gram (2 blaadjes) gelatine
3 eierdooiers
3 eetlepels poedersuiker
2 theelepels vanillesuiker
3 eetlepels sinaasappel-, abrikozen- of perzikenlikeur
2,5 dl slagroom
3 dl abrikozenpuree
100 gram geschaafde amandelen

1. Vermeng de bloem met de eieren en ca. 2 dl melk of karnemelk tot een glad beslag. Klop er zout, suiker, nootmuskaat en de rest van de melk door. Laat het beslag ca. 15 minuten rusten. Roer er de gesmolten boter door.
2. Laat de geweekte gelatine au bain-marie oplossen. Klop de eierdooiers los met poeder- en vanillesuiker. Roer hier de met likeur vermengde opgeloste gelatine door. Laat het mengsel lobbig worden en schep er dan de stijfgeklopte slagroom door.
3. Bak in een middelgrote koekepan tamelijk dunne flensjes. Rooster het amandelschaafsel onder een hete grill goudbruin. Schep op elk flensje een lepel likeurcrème en een lepel abrikozenpuree. Rol de flensjes op. Strooi er de geroosterde amandelvlokken over. Serveer koud of warm.

Belgische wafels (links achter)
(voor 6 à 8 personen)
Voorbereidingstijd: ca. 20 minuten
Rijstijd: 45 minuten
Baktijd: 3 à 4 minuten per wafel

15 gram gist, ½ dl lauw water
250 gram bloem, 3 dl lauwe melk
6 eieren
125 gram gesmolten boter
1 theelepel zout
1 eetlepel vanillesuiker

1. Verkruimel de gist in ½ dl lauw water en laat het mengsel 5 minuten staan. Meng de bloem in een kom met de lauwe melk en de gistoplossing. Voeg 2 eieren en 4 eierdooiers toe en roer met een houten spatel tot u een glad beslag hebt gekregen. Roer er gesmolten boter, zout en vanillesuiker door en spatel ten slotte de geslagen eiwitten door het beslag.
2. Laat het deeg afgedekt rijzen op een warme plek. Vet een wafelijzer in (wanneer deze met teflon is bekleed, hoeft u hem alleen voor het bakken van de eerste wafel in te vetten) en verhit hem in de gasvlam. Schep er een paar lepels beslag in, klem het ijzer dicht en bak de wafels 1½ à 2 minuten aan elke kant. U kunt ook een elektrisch wafelijzer gebruiken.
Serveer de wafels lauw of koud, met stijfgeklopte slagroom, verse vruchten, of alleen bestrooid met poedersuiker.

Het bakken van flensjes
1. Laat een klontje boter smelten in een koekepan en giet er wat beslag in.

2. Schud de pan heen en weer om het beslag gelijkmatig te verdelen.

3. Giet het overtollige beslag uit de pan, zodat de flensjes dun en gelijkmatig worden.

Pannekoekjes in sinaasappelsaus
(voor 4 à 5 personen)
Bereidingstijd: ca. 20 minuten
Rusttijd: 1 uur
Baktijd: ca. 20 minuten

Voor de pannekoekjes:
3 eieren
4 eetlepels bloem
2 dl slagroom
1 dl melk
1 theelepel suiker
50 gram boter
1 theelepel vanillesuiker
1 theelepel citroenrasp
Voor de saus:
2 sinaasappelen
½ à 1 citroen
100 gram boter
suiker naar smaak
2 à 3 eetlepels Grand Marnier of een andere sinaasappellikeur

1. Vermeng de bloem met suiker, vanillesuiker en citroenrasp. Maak er met melk, slagroom, eierdooiers en gesmolten boter een glad beslag van. Laat dit ten minste 1 uur rusten. Spatel vlak voor het bakken de stijfgeklopte eiwitten door het beslag.
2. Bak in een kleine koekepan of een gourmetpannetje kleine, vrij dikke pannekoekjes.
3. Vermeng sinaasappel- en citroensap, citroenrasp van ½ citroenschil en sinaasappelrasp van ½ sinaasappelschil, boter, suiker en likeur in een ondiepe flambeerpan, breng dit mengsel aan de kook en laat het een paar minuten doorkoken. Zet de pan op een spiritusbrander op tafel en verwarm de pannekoekjes in de saus.
Serveer warm, met zure room of zacht vanille-roomijs.

Wentelteefjes
(voor 4 à 6 personen)
Bereidingstijd: ca. 15 minuten

8 sneden wittebrood
2 dl room
1 ei
kaneel
suiker
boter om in te bakken

1. Giet de room in een ondiepe kom of schaal en klop het ei erdoor. Halveer de sneden brood en leg ze in de schaal. Keer ze voortdurend tot ze al het vocht hebben opgenomen.
2. Bestrooi de stukken brood aan beide kanten met suiker en kaneel en bak ze in de koekepan goudbruin in boter.
Serveer de wentelteefjes warm, eventueel bedekt met een lepel slagroom.

Wentelteefjes met noten
Bestrooi het brood met 100 gram fijngehakte noten, nadat u de stukken in het roommengsel hebt gelegd. Bak ze goudbruin. Strooi wat suiker over de wentelteefjes en serveer ze warm, met abrikozenpuree en zure room.

Achter: Wentelteefjes met fijngehakte noten.
Midden: Russische pannekoektaart, dikke pannekoeken met pruimenpuree.
Voor: Pannekoekjes in sinaasappelsaus.

Wafels met kwarkcrème (onder)
(voor 4 à 6 personen)
Voorbereidingstijd: ca. 15 minuten
Rijstijd: ca. 30 minuten
Baktijd: ca. 30 minuten

Voor het beslag:
15 gram gist
2,5 dl melk
½ theelepel zout
2 eieren
½ theelepel suiker
50 gram boter
175 gram bloem
Kwarkcrème:
ca. 200 gram kwark
1 eierdooier
2 citroenen
melk

1. Los de gist op in ca. 1 dl lauwe melk. Voeg de rest van de melk, zout, eieren, suiker, bloem en gesmolten, wat afgekoelde boter toe en meng alles goed. Laat het beslag rijzen op een warme plaats.
2. Verhit een wafelijzer. Een ijzer zonder anti-kleeflaag moet ingevet worden. Schep een paar eetlepels beslag in het ijzer en bak de wafels ca. 2 minuten aan elke kant. Haal de wafel met een vork uit het ijzer en leg hem op een taartrooster.
3. Prak de kwark fijn met een vork, klop er de eierdooier, het sap en de geraspte schil van een citroen en wat melk door, tot u een smeuïge crème hebt verkregen.
4. Vul een spuitzak met de kwarkcrème. Leg 2 of 3 wafels op elkaar, met een laag kwarkcrème ertussen. Garneer met een rozetje kwarkcrème en een citroenschijfje.

Variatie:
Deze wafels kunnen ook geserveerd worden met boter en jam of honing.

Roomwafels
(voor 4 à 6 personen)
Bereidingstijd: ca. 10 minuten
Baktijd: ca. 20 minuten

Voor het beslag:
5 dl slagroom
175 gram zelfrijzend bakmeel
½ à 1 theelepel zout
1 à 2 theelepels suiker

1. Klop de slagroom bijna stijf en schep er het gezeefde bakmeel, zout en suiker door.
2. Verhit een wafelijzer (een ijzer zonder anti-kleeflaag moet ingevet worden met boter).
3. Doe een paar eetlepels beslag in het ijzer, klem het dicht en keer het direct. Bak de wafel 2 à 3 minuten aan elke kant. Haal de wafel met een vork uit het ijzer en leg hem op een taartrooster. Bak de rest van het beslag op dezelfde manier.
4. Strooi wat suiker of poedersuiker over de wafels en serveer ze warm. Ze smaken ook erg lekker met jam, geklopte slagroom of vanille-ijs.

TIP
In een voorverwarmde oven van 200 °C kunnen de wafels goed opgewarmd worden of warm gehouden. Stapel ze niet op elkaar, anders worden ze zacht.

Russische pannekoektaart
(voor 6 à 8 personen)
Voorbereidingstijd: ca. 20 minuten
Bereidingstijd: ca. 45 minuten

100 gram boter
2,5 dl water
2,5 dl slagroom
5 eieren
125 gram bloem
3 eetlepels suiker
1 theelepel zout
1 theelepel citroenrasp
50 gram amandelen
poedersuiker
ca. 250 gram pruimenpuree of stevige pruimencompote
boter om in te bakken

1. Doe boter, water en room in een pan en breng het mengsel aan de kook. Strooi de bloem in de pan en klop en roer op een matig hoog vuur tot het mengsel glanzend is en als een bal van de rand loslaat. Laat het beslag even afkoelen.
2. Klop de eierdooiers stuk voor stuk door het beslag, klop er eveneens de suiker, het zout en de citroenrasp door. Pel de amandelen, hak ze fijn en roer ze er ook door.
3. Klop de eiwitten stijf. Klop de helft ervan met een garde door het beslag en spatel dan het overige eiwit er met een grote lepel door.
4. Smelt wat boter in een koekepan. Verdeel een derde gedeelte van het beslag gelijkmatig over de bodem van de pan. Bak de pannekoek ca. 10 minuten bij lage temperatuur. Beboter het deksel dat past en leg dit op de koekepan. Keer de pannekoek op het deksel en laat hem voorzichtig in de koekepan terugglijden. Bak hem ca. 5 minuten aan de andere kant.
5. Leg de gebakken pannekoek in een ovenvaste schaal en houd hem warm in een lauw-warme oven. Bak op dezelfde manier nog 2 pannekoeken. Bestrijk een pannekoek met de helft van de pruimenpuree of pruimencompote, leg de tweede pannekoek erop, bestrijk deze eveneens met pruimenmoes en leg de derde pannekoek bovenop. Bestrooi deze met poedersuiker.
Snijd het geheel als een taart in punten en serveer warm.

Sinaasappelflensjes (onder links)
(voor 4 à 5 personen)
Bereidingstijd: ca. 25 minuten
Rusttijd van het beslag: 15 minuten
Baktijd: ca. 20 minuten

Voor het beslag:
2 eieren
2 eetlepels suiker
175 gram bloem
2 dl melk
50 gram boter
1 sinaasappel
Voor de vulling:
1 liter vanille-ijs
50 gram amandelen

1. Vermeng de eieren met de suiker; klop de bloem, melk, gesmolten boter en het sap van de sinaasappel erdoor. Rasp de schil van de sinaasappel en roer 1 theelepel sinaasappelrasp door het beslag. Laat dit 15 minuten rusten en roer af en toe.
2. Pel de amandelen en hak ze fijn. Haal het ijs uit de diepvries en zet het in de koelkast.
3. Bak tamelijk dunne, middelgrote flensjes; vouw ze in vieren en houd ze warm op een serveerschaal.
4. Snijd het ijs snel in plakken en schuif een plak tussen elk flensje. Strooi er amandelen over en de rest van de geraspte sinaasappelschil. Serveer direct.

Variatie:
U kunt de flensjes in plaats van met ijs ook vullen met stijfgeklopte slagroom of zure room. Garneer ze op dezelfde manier.

Crêpes Alaska (onder rechts)
(voor 4 personen)
Bereidingstijd: ca. 30 minuten
Rusttijd voor het beslag: ca. 30 minuten
Baktijd: ca. 20 minuten
Opwarmtijd: enkele minuten
Oventemperatuur: 240 °C, thermostaat 9

Voor het beslag:
3 eieren
3 eetlepels bloem
2 dl room
¼ theelepel zout
1 theelepel suiker
2 à 3 eetlepels gesmolten boter
Voor de vulling: ½ à ¾ liter vanille-ijs
25 à 50 gram amandelen

1. Klop eieren, bloem, room, zout, suiker en gesmolten boter door elkaar. Laat het beslag 30 minuten rusten. Bak er dunne, middelgrote flensjes van. Leg deze op elkaar op een stuk aluminiumfolie. De flensjes kunnen een dag van tevoren gemaakt worden.
2. Verwarm de oven voor. Pel de amandelen en halveer ze in de lengte. Vul een ovenvaste schaal voor de helft met grof zeezout. Het zout werkt isolerend en voorkomt dat het ijs te snel smelt. Bovendien kan de serveerschaal het verschil in temperatuur tussen de ijskoude pannekoekjes en de ovenhitte beter verdragen.
3. Haal het ijs uit de diepvries – het moet hard zijn. Snijd het ijs met een in warm water gedompeld mes in plakken. Leg op elk flensje een plak ijs; rol de flensjes om het ijs. Leg de flensjes naast elkaar in de serveerschaal en strooi er amandelen over. Werk snel opdat het ijs niet smelt. Zet de schaal 3 à 5 minuten in de oven in de schaal met het zeezout. Serveer direct met een glas champagne of mousserende wijn.

Gevulde flensjes met likeur (rechts)
(voor 4 à 5 personen)
Bereidingstijd: ca. 30 minuten
Rusttijd voor het deeg: 30 minuten
Baktijd: ca. 20 minuten

Voor het beslag:
2 eieren
2 eetlepels suiker
175 gram bloem
1 theelepel vanillesuiker
1,5 dl slagroom
2 à 2,5 dl water
50 à 75 gram gesmolten boter
Voor de vulling:
500 à 750 gram appelen
sap van 1 sinaasappel
sap van ½ citroen
2 dl water
suiker
Voor de likeursaus:
50 gram boter
sap van 1 sinaasappel
sap van ½ citroen
siroop van de gekookte appelen
suiker naar smaak
50 gram amandelen
1 à 2 glaasjes likeur

1. Maak van eieren, suiker, bloem, vanillesuiker, slagroom, water en gesmolten boter een glad, tamelijk dun beslag. Laat het rusten en bak er dunne, kleine flensjes van. De flensjes kunnen een dag van tevoren worden gemaakt.
2. Maak een stroopje van sinaasappel- en citroensap en suiker naar smaak. Breng dit aan de kook. Schil de appelen, verwijder de klokhuizen en snijd het vruchtvlees in dunne schijfjes. Pocheer de appelschijfjes in de siroop tot ze bijna gaar zijn. Haal de schijfjes uit de pan en verdeel ze over de flensjes. Rol de flensjes op en schik ze in een tafelkoekepan.
3. Meng de siroop met boter, sinaasappel- en citroensap, gepelde amandelen en eventueel wat suiker. Breng de saus aan de kook en giet hem over de flensjes. Zet de pan op een spiritusbrander. Laat de flensjes even doorwarmen, giet de likeur erover. Schud voorzichtig met de pan zodat de likeur goed verdeeld wordt. Houd de pan schuin, zodat de likeur aangestoken wordt en beweeg de pan heen en weer tot de vlammen gedoofd zijn. Houd altijd een deksel bij de hand voor het geval dat de likeur te hevig brandt. Dien de flensjes direct op.

TIP
In plaats van flamberen: leg de flensjes in een ovenvaste schaal, giet de met likeur vermengde saus erover en zet de schaal 5 à 8 minuten in een voorverwarmde oven (200 °C, thermostaat 6).

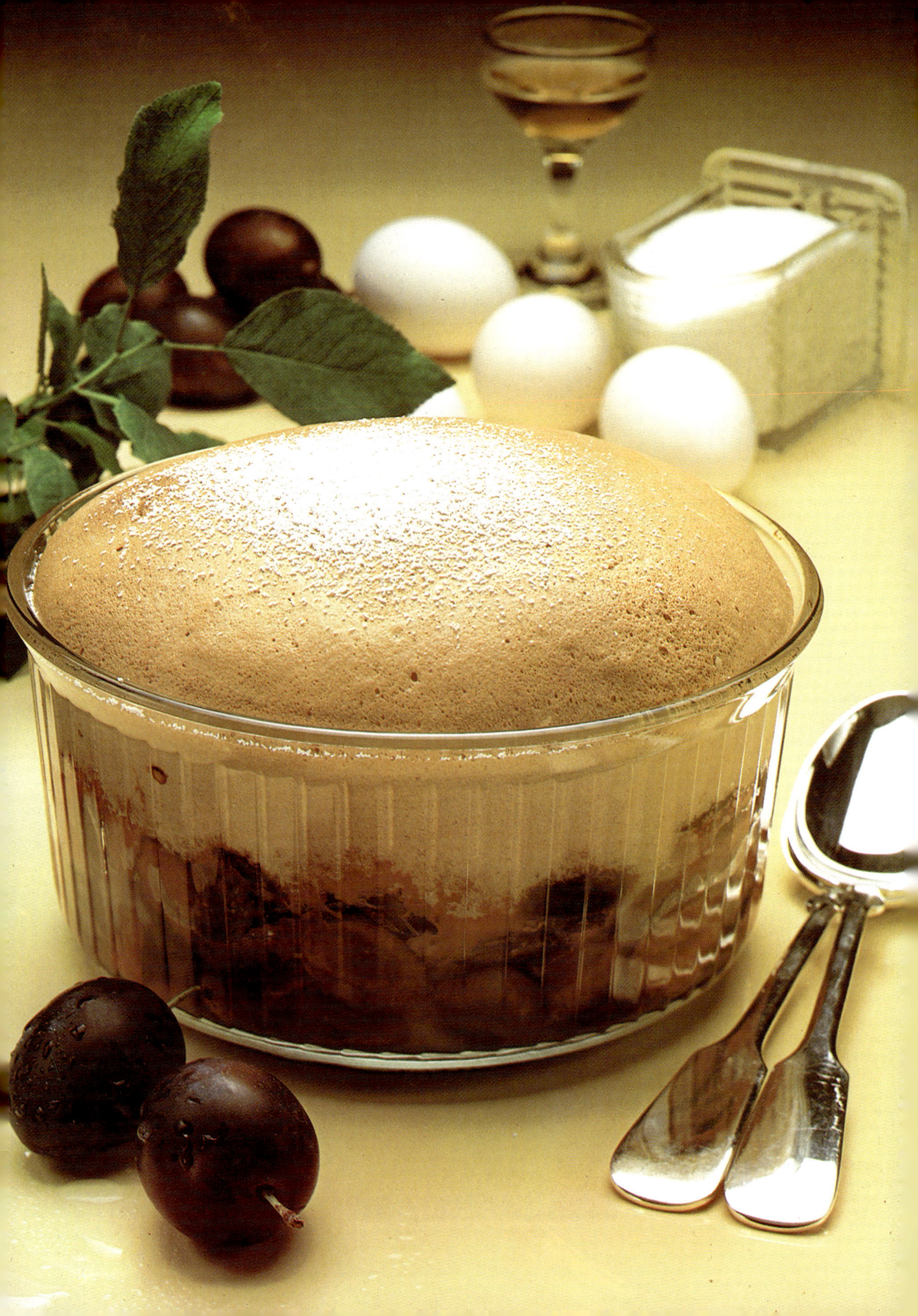

Soufflés als nagerecht

Soufflé (basisrecept)
(voor 4 à 5 personen)
Bereidingstijd: ca. 20 minuten
Baktijd: ca. 30 minuten
(kleine soufleetjes: 15 à 20 minuten)
Oventemperatuur (onderste richel):
180 à 190 °C, thermostaat 4 à 5

25 gram boter
25 gram bloem
2,5 dl melk of koffieroom
3 eieren
½ theelepel zout
smaakmiddel

1. Smelt de boter in een kleine pan bij lage temperatuur. Roer de bloem erdoor, laat het mengsel een minuut of 2 pruttelen zonder het bruin te laten worden. Giet geleidelijk de melk erbij, blijf roeren tot een gladde saus is ontstaan. Laat de saus al roerende 1 à 2 minuten koken. Laat de saus afkoelen.
2. Verwarm de oven voor. Roer de eierdooiers een voor een door de saus, roer na elke toevoeging tot de dooier goed vermengd is. Breng de saus op smaak met zout en suiker en voeg een smaakmiddel (chocolade, vanille, wijn, likeur, enz.) toe.
3. Beboter een ovenvaste souffléschaal met een inhoud van 1¼ à 1½ liter. Klop de eiwitten stijf. Spatel het eiwit met kleine beetjes tegelijk door het soufflémengsel.
4. Giet het soufflémengsel in de schaal (deze mag slechts voor ¾ deel gevuld zijn) en zet de schaal in de oven. Bak de soufflé zoals staat aangegeven. Tijdens het bakken mag de oven niet geopend worden. Serveer de soufflé zó uit de oven, desgewenst kunt u de bovenkant met poedersuiker bestrooien.
Alle warme soufflés hebben de neiging in elkaar te zakken zodra ze uit de oven worden genomen. Laat daarom uw gasten op de soufflé wachten en niet andersom.

Links: Een soufflé moet licht en luchtig zijn. U kunt er vruchten aan toevoegen, zoals op deze foto, of een ander smaakmiddel.
Rechts: Schuimomelet gevuld met kersen

Soufflé Grand Marnier
Vermeng het soufflémengsel met 2 à 3 eetlepels Grand Marnier (of een andere likeur) voor u de eiwitten erdoor spatelt. In dit recept zijn 2 eetlepels suiker voldoende.

Vruchtensoufflé
Leg ca. 300 gram goed uitgelekte licht gepocheerde verse vruchten of vruchten uit blik op de bodem van de souffléschaal. Giet het soufflémengsel van het basisrecept over de vruchten.

Chocoladesoufflé
Roer 1 eetlepel cacaopoeder, 2 à 3 eetlepels poedersuiker, 25 gram gepelde, fijngehakte amandelen en 50 gram geraspte chocolade door het soufflémengsel alvorens er het eiwit door te spatelen. Bestrooi de soufflé voor het opdienen met gezeefde poedersuiker.

Sinaasappelsoufflé
Maak het soufflémengsel met 3 theelepels suiker en roer er 2 à 3 eetlepels sinaasappelsap en ½ à 1 theelepel geraspte sinaasappelschil door alvorens de eiwitten door het mengsel te spatelen. Bedek de bodem van de souffléschaal met mandarijnen, perziken of andere vruchten uit blik en giet het soufflémengsel in de schaal.

Citroensoufflé
Ga op dezelfde manier te werk als voor de sinaasappelsoufflé, maar gebruik citroensap en citroenschil.

Bovenstaande variaties van de basissoufflé zijn ook van toepassing op een schuimomelet.

Schuimomelet
(voor 2 à 3 personen)
Bereidingstijd: 15 à 20 minuten
Baktijd: 5 à 8 minuten

3 eieren
1 theelepel poedersuiker
4 à 5 eetlepels slagroom
1 theelepel vanillesuiker
8 à 10 amandelen
boter om in te bakken
vruchtenvulling naar smaak
poedersuiker

1. Scheid de eieren en klop het eiwit stijf. Klop de eierdooiers licht met poedersuiker, slagroom, vanillesuiker en gepelde, fijngehakte amandelen. Schep dit mengsel voorzichtig door de eiwitten.
2. Verhit 25 à 40 gram boter in een middelgrote koekepan tot de boter begint te kleuren. Giet het eimengsel in de pan en bak de omelet op laag vuur. Schud de pan en maak met een spatel enkele openingen in het mengsel, zodat het vloeibare deel in contact komt met de hete pan.
3. De omelet is klaar als de onderkant stevig is en gemakkelijk uit de pan glijdt, terwijl de bovenkant nog schuimig is.
Laat de omelet op een warme serveerschaal glijden. Leg op één helft warme vruchten, compote of jam en vouw de omelet dubbel. Strooi er wat poedersuiker over.

Suggestie voor een vulling:
Strooi 1 à 2 eetlepels suiker over 150 à 200 gram zoete kersen. Giet er 1 à 2 eetlepels kersenbrandewijn (cherry brandy) over en laat het geheel goed doorwarmen.

IJs

Het favoriete dessert van kinderen en vele volwassenen, ijs, kan op tal van manieren worden opgediend, van een eenvoudig bolletje vanille-ijs tot een ijscoupe met noten, chocolade of vruchten. Deze basisrecepten zijn zowel te gebruiken voor het maken van parfait als voor roomijs. De smaak kan op talloze manieren gevarieerd worden.

Parfait
(voor 4 à 6 personen)
Bereidingstijd: 15 à 20 minuten
Vriestijd: ca. 3 uur

4 eierdooiers
3 eetlepels suiker
1 theelepel vanillesuiker
2 eiwitten
5 dl slagroom

1. Klop de eierdooiers met de suiker schuimig. Voeg de vanillesuiker toe.
2. Klop de eiwitten en de slagroom afzonderlijk stijf. Spatel room en eiwitten door het dooiermengsel met een rubberen spatel, waarbij u de ingrediënten in de kom van onderen naar boven goed met elkaar vermengt.
3. Spoel een vorm met een inhoud van ca. 1½ liter om met koud water. Giet het mengsel erin, dek de vorm af met een deksel of met folie en zet hem 3 uur in de vrieskast, bij −18 °C. Tijdens het vriezen mag het mengsel niet geroerd worden. Haal de vorm ca. 15 minuten voor het opdienen uit de vrieskast en zet hem in de koelkast.

Roomijs
(voor 4 à 6 personen)
Bereidingstijd: 20 à 25 minuten
Koeltijd: ca. 1 uur
Vriestijd: ca. 3 uur

2,5 dl water
½ vanillestokje
2,5 dl slagroom
3 eierdooiers
85 gram suiker
2 gram (1 blaadje) gelatine

1. Laat de gelatine weken in wat koud water. Splijt het vanillestokje, doe het in een pan met water en breng dit aan de kook. Voeg de room toe. Klop eierdooiers en suiker schuimig. Giet een scheutje kokende room bij de eierdooiers, roer krachtig. Giet het mengsel terug in de pan en draai het vuur laag.
2. Blijf roeren tot het mengsel gebonden is, laat het niet koken. Verwijder het vanillestokje. Laat de gelatine au bain-marie oplossen en roer de oplossing door de roomvla. Haal de pan van het vuur en laat de vla, onder af en toe roeren, afkoelen.
3. Giet het mengsel in een vorm of ijslaatje (of gebruik een elektrische sorbetière) en dek het af met een deksel of folie. Laat het ijs bevriezen bij een temperatuur van −18 °C of lager. Haal het ijs na ca. 1½ uur uit de vrieskast, roer goed en zet het weer terug. Dit ijs is zacht van consistentie.
Roomijs kan, evenals parfait, worden verrijkt met een smaakmiddel (chocola, koffie, enz.).

Parfait met amandelkaramel
(voor 4 à 6 personen)
Bereidingstijd: ca. 20 minuten
Vriestijd: ca. 3 uur

1 hoeveelheid parfaitmengsel (zie recept)
175 gram suiker
50 gram amandelen of andere noten

1. Pel de amandelen en hak ze grof. Verwijder van andere noten de velletjes alvorens ze fijn te hakken.
2. Smelt de suiker in een droge pan, op een matig hoog vuur. Voeg, zodra de suiker goudkleurig is, de gehakte noten toe. Roer het mengsel en giet het op beboterd vetvrij papier.
3. Laat de karamel afkoelen en verkruimel hem met een deegroller. Roer de kruimels door het parfaitmengsel voordat u eiwit en slagroom erdoor spatelt. Laat de parfait bevriezen zoals in het basisrecept staat aangegeven.
Serveer met een rozetje stijfgeklopte slagroom en geroosterde amandelvlokken.

Mokka-walnoot-roomijs (links)
(voor 4 à 6 personen)
Bereidingstijd: ca. 20 minuten
Vriestijd: ca. 3 uur

1 hoeveelheid roomijs
3 eetlepels oploskoffie
50 gram walnoten
4 à 5 eetlepels suiker
2 eiwitten
1 dl slagroom

1. Maak het ijs volgens het basisrecept, maar voeg oploskoffie in plaats van vanille aan het water toe.
2. Doe de suiker in een pan en laat deze op een matig hoog vuur karamelliseren. Leg 4 à 6 gave, halve walnoten in de pan, draai ze om en om zodat ze met karamel bedekt worden. Leg de walnoten op beboterd vetvrij papier. Haal de pan van het vuur, hak de overige walnoten fijn en roer ze door de karamel, onder toevoeging van 0,5 à 1 dl kokend water. Roer tot het mengsel glad en

dik, maar nog wel vloeibaar is. Spatel de karamelsaus door het roomijsmengsel.
3. Klop het eiwit stijf en schep dit door het afgekoelde roomijsmengsel. Laat het mengsel bevriezen zoals staat aangegeven; roer na een half uur en opnieuw na 1½ uur.
Serveer het ijs in glazen coupes en garneer met stijfgeklopte slagroom en de gekaramelliseerde walnoten.

Parfait met likeur (rechts)
(voor 4 à 6 personen)
Bereidingstijd: ca. 20 minuten
Vriestijd: ca. 3 uur

1 hoeveelheid parfait-mengsel
4 eetlepels Grand Marnier, Tia Maria, Drambuie of een andere likeur
2 eetlepels koffiebonen of oploskoffie
40 à 50 gram bittere chocolade

1. Roer 2 eetlepels likeur door het parfaitmengsel, vlak voor het in de diepvries gaat. Verkruimel de koffiebonen in een plastic zak met een deegroller. Rasp de chocolade.
2. Schep het ijs in hoge glazen en besprenkel het met de rest van de likeur. Bestrooi het ijs met verkruimelde koffiebonen (of oploskoffie), vermengd met geraspte chocolade. Serveer direct.

IJstaart met noten en chocola
(rechts)
(voor 6 personen)
Bereidingstijd: ca. 30 minuten
Vriestijd: ca. 3 uur

1 taartbodem van amandeldeeg (zie blz. 21)
1 hoeveelheid parfait (met of zonder amandelkaramel)
50 gram walnoten
100 gram bittere chocolade
50 gram cocktailkersen

1. Bak de taartbodem volgens het recept van de Rubinstein-taart op blz. 21.
2. Houd 6 à 8 walnoothelften en een stukje chocolade apart. Hak de rest van de chocolade fijn en hak de noten grof. Snijd de kersen in stukjes. Schep noten, chocolade en kersen vlak voor het invriezen door het ijs.
3. Stort de parfait op de taartbodem en garneer het geheel met geraspte chocolade en walnoothelften. Serveer direct.

Parfait met zwarte bessen
(voor 4 à 6 personen)
Bereidingstijd: ca. 20 minuten
Vriestijd: ca. 3 uur

1 hoeveelheid parfait (zie blz. 56)
150 à 250 gram rijpe zwarte bessen
5 à 6 eetlepels suiker
2 eetlepels zwarte-bessenlikeur
(crème de cassis)
1 à 2 dl slagroom

1. Maak het ijs volgens recept en zet het in de diepvries. Was de bessen en vermeng ze met de suiker en de likeur. Laat dit mengsel 10 à 15 minuten staan. Giet het mengsel door een zeef.

2. Haal het ijs 20 à 30 minuten voor het opdienen uit de diepvries en zet het in de koelkast. Schep in glazen coupes om en om lagen ijs en zwartebessensiroop. Lepel de zwarte bessen over het ijs en garneer het geheel met slagroom. Serveer direct, met ijswafels of kleine makronen.

Variatie:
Voor dit nagerecht kunt u ook ander zacht fruit (aardbeien, frambozen, rode bessen of kersen) gebruiken. Voeg suiker naar smaak toe. Laat de vruchten marineren in sherry, madera, port of een vruchtenlikeur.

IJsdessert met vruchten
(voor 4 à 6 personen)
Bereidingstijd: ca. 25 minuten
Vriestijd: ca. 3 uur

1 hoeveelheid roomijs (zie blz. 56)
1 blik abrikozen
ca. 250 gram frambozen
suiker naar smaak
2 à 3 eetlepels vruchtenlikeur
1 à 2 dl slagroom
25 à 50 gram amandelen

1. Maak het ijs volgens het recept en zet het in de diepvries. Laat de abrikozen goed uitlekken. Maak de frambozen schoon. Strooi een beetje suiker over de frambozen en be-

sprenkel ze met vruchtenlikeur.
2. Klop de slagroom stijf. Pel en halveer de amandelen.
3. Schep in hoge glazen om en om ijs, abrikozen en frambozen. Besprenkel het geheel met de likeurmarinade. Garneer met stijfgeklopte slagroom en amandelen. Serveer direct.

Roomijs met peren en chocoladesaus
(voor 4 à 6 personen)
Bereidingstijd: ca. 30 minuten
Vriestijd: ca. 3 uur

1 hoeveelheid roomijs (zie blz. 56)
6 rijpe peren
175 gram suiker
1 glas witte wijn of het sap van
1 citroen
Voor de chocoladesaus:
1 dl water
150 gram bittere chocolade
15 gram boter
3 eetlepels slagroom

1. Maak het ijs volgens het recept en zet het in de diepvries. Maak een siroop van suiker, 2 dl water en witte wijn of citroensap. Schil de peren. Boor desgewenst het klokhuis uit, maar laat het steeltje zitten. Zorg dat de peren heel blijven.
2. Pocheer de peren nét gaar in het suikerstroopje. Laat ze in de siroop afkoelen.
3. Breek de chocolade in stukjes en laat ze smelten in een pan met dikke bodem. Roer de boter en de slagroom door de chocolade zodra deze zacht en glad is.
4. Schep het ijs in wijde ijscoupes. Leg in het midden van elke coupe een peer en giet hier wat warme chocoladesaus over. Serveer direct, met de rest van de chocoladesaus en amandelkoekjes of ijswafeltjes.

IJscoupe met meloen
(voor 4 à 6 personen)
Bereidingstijd: ca. 30 minuten
Vriestijd: ca. 3 uur

1 kleine meloen
½ à 1 liter parfait of kant en klaar vanille-ijs
2 à 3 eetlepels port
50 gram pistachenoten of amandelen
2 dl slagroom

1. Maak het ijs volgens het recept op blz. 56 en zet het in de diepvries. Leg de meloen ca. 2 uur in de koelkast om koud te worden.
2. Snijd de meloen in parten en verwijder de zaadjes. Snijd met een speciale lepel bolletjes uit het vruchtvlees. Bewaar de schillen en leg ze met de bolletjes weer in de koelkast. Hak pistaches of amandelen grof.
3. Leg een laag geschaafd ijs op serveerschaaltjes en leg er de meloenschillen op. Besprenkel ze met port. Vorm met een speciale ijslepel bolletjes van het ijs, of gebruik hiervoor 2 bolle, in heet water gedompelde eetlepels.
Leg ijs- en meloenbolletjes op de meloenschillen. Garneer met slagroom en gehakte pistaches of amandelen. Serveer direct.

Sorbets en coupes

Deze verrukkelijke sorbets kunt u maken van zelfgemaakt ijs, uitgaande van de recepten op blz. 56. Wanneer u geen tijd hebt om zelf ijs te maken, kunt u vruchten, vruchtensap, wijn of likeur combineren met een goede kwaliteit gekocht ijs.
Vergeet niet dat een sorbet pas vlak voor het opdienen in coupes of glazen moet worden gedaan.

IJscoupe met vruchten
(voor 4 à 6 personen)
Bereidingstijd: ca. 30 minuten
Vriestijd: ca. 3 uur
Marineertijd: 20 à 30 minuten

*1 hoeveelheid parfait of roomijs, desgewenst in drie porties verdeeld die op smaak gebracht worden met abrikozen, aardbeien of perziken
(U kunt kant en klaar ijs met dezelfde vruchtensmaken gebruiken.)
2 sinaasappelen
4 kiwi's
250 gram aardbeien
2 à 3 bananen
1 trosje blauwe druiven
suiker naar smaak
3 eetlepels witte rum
2,5 dl slagroom
25 à 50 gram amandelen*

1. Maak de parfait of het roomijs (zie blz. 56), desgewenst met vruchtensmaakjes. Zet het ijs in de diepvries.
2. Maak de vruchten schoon en snijd ze in stukjes of schijfjes. Strooi er wat suiker over, besprenkel ze met rum en laat 20 à 30 minuten marineren.
3. Klop de slagroom stijf en doe deze in een spuitzak. Pel de amandelen, hak of schaaf ze en laat ze onder een hete grill goudbruin kleuren.
4. Verdeel de vruchtensalade over gekoelde coupes. Vorm bollen van het ijs met een ijslepel en leg het ijs op de vruchten.
Garneer met slagroom, amandelen en opgerolde wafels. Serveer direct.

IJscoupe met noten
(voor 4 à 6 personen)
Bereidingstijd: ca. 30 minuten
Vriestijd: ca. 3 uur

*½ hoeveelheid parfait of parfait met amandelkaramel (zie blz. 56)
½ hoeveelheid roomijs met koffie- of chocoladesmaak of kant en klaar mokka- of chocolade-ijs
ca. 50 gram rice krispies
2,5 dl slagroom
50 à 75 gram hazelnoten
8 à 10 kleine chocoladebiscuitjes*

1. Zet het ijs in de diepvries. Hak de hazelnoten grof.
2. Schep in hoge glazen om en om ijsbolletjes en rice krispies.
Klop de slagroom stijf en spuit rozetjes slagroom op het ijs. Garneer met gehakte hazelnoten en chocoladebiscuitjes.

Kersensorbet speciaal
(voor 4 à 6 personen)
Bereidingstijd: 20 à 25 minuten
Vriestijd: 5 uur

*Sorbet: 4 dl kersenbrandewijn
3 à 4 dl sodawater
½ hoeveelheid parfait
2 dl slagroom
100 gram verse, zoete kersen*

1. Vermeng de kersenbrandewijn met het sodawater. Giet het mengsel in een goed sluitende diepvriesdoos en zet het 5 uur in de diepvries. Roer het mengsel na 2 uur goed door, roer het daarna met tussenpozen van ½ uur. Maak het ijs en zet het in de diepvries. Klop de slagroom halfstijf. Was de kersen.
2. Haal de sorbet uit de diepvries en roer het mengsel zorgvuldig. Schep in goed gekoelde glazen om en om lepels sorbet en ijsbollen. Garneer met slagroom en kersen.
Serveer direct.

---

*Geheel links: IJscoupe met meloen.
Links onder: IJscoupe met vruchten.
Rechts onder: IJscoupe met noten.*

Kaas tot besluit

Kaas is altijd een goed besluit van de maaltijd, tenzij kaas in het hoofdgerecht was verwerkt. Probeer in plaats van het traditionele kaasplateau een van de volgende kaasrecepten.

Kaas-mousse
(voor 6 à 8 personen)
Bereidingstijd: 20 à 30 minuten
Opstijftijd: ca. 2 uur

*6 gram (3 blaadjes) gelatine
200 gram Gorgonzola of een andere blauwschimmelkaas
200 gram Mon Chou of roomkwark
2,5 dl slagroom
2 à 3 eetlepels cognac
paprikapoeder
walnoothelften
blauwe druiven*

*Links: Kaas-mousse, gegarneerd met walnoothelften en blauwe druiven.
Rechts onder: Als u het deeg voor deze kaastaart van tevoren bakt, kan de taart later op het gewenste moment snel in elkaar worden gezet met de kaascrème.*

1. Laat de gelatine weken in 2 eetlepels koud water en vervolgens oplossen au bain-marie. Prak de blauwe kaas en de roomkwark fijn met een vork. Klop de beide kaassoorten door elkaar tot het mengsel glad en smeuïg is. Giet de cognac bij de opgeloste gelatine en roer dit mengsel door de kaas. Breng het geheel op smaak met paprikapoeder. Schep de stijfgeklopte slagroom door het kaasmengsel.
2. Spoel een vorm om met koud water en schep het kaasmengsel hierin. Dek de vorm af met folie en zet hem minstens 2 uur of tot de volgende dag in de koelkast.
Stort de mousse op een serveerschaal en garneer met walnoothelften en blauwe druiven.
Geef er crackers, geroosterd brood of stokbrood en boter bij.

Kaas-taart
(voor 6 à 8 personen)
Bereidingstijd: ca. 30 minuten
Baktijd: 10 à 12 minuten
Oventemperatuur (middelste richel): 200 °C, thermostaat 6

Voor het korstdeeg:
200 gram bloem
200 gram boter
0,5 dl water
Voor de kaascrème:
3 dl room
4 eetlepels bloem
3 kleine eieren
100 gram geraspte jonge kaas
50 gram geraspte Parmezaanse kaas
200 à 250 gram zachte boter
Garnering:
25 gram walnoten
50 à 75 gram gevulde olijven
radijsjes

1. Snijd de boter door de bloem, voeg het water toe en kneed snel een korstdeeg. Laat het deeg 1 à 2 uur, of gedurende een nacht, op een koude plaats rusten. (Het deeg blijft ca. 1 week goed in de koelkast.)
2. Verdeel het deeg in 3 gedeelten, rol elk deel uit tot een cirkel met een doorsnee van ca. 22 cm. Leg de 3 deeglappen op een beboterde bakplaat, prik ze in met een vork en bak ze 10 à 12 minuten. Laat het baksel op een gladde ondergrond afkoelen. U kunt de plakken korstdeeg in een goed afgesloten trommel enkele dagen bewaren.
3. Haal de boter voor de kaascrème geruime tijd van tevoren uit de koelkast. De boter moet zacht zijn. Vermeng de bloem met de room, breng het mengsel al roerende aan de kook en laat de massa afkoelen. Klop de eieren een voor een door het roommengsel, evenals de geraspte kaas. Klop met kleine beetjes tegelijk de zachte boter erdoor, blijf kloppen tot het mengsel glad en smeuïg is.
4. Bestrijk 2 plakken korstdeeg met een vrij dikke laag kaascrème en de derde met een dun laagje. Leg ze op elkaar – de derde plak komt bovenop. Spuit de rest van de kaas in rozetjes langs de rand. Garneer met olijven, walnoten en radijsjes. Zet de taart in de koelkast. Snijd de taart aan tafel in punten.

Variatie:
Roer 2 à 3 eetlepels port en fijngehakte walnoten of droge sherry en paprikapoeder door de kaascrème.

Gefrituurde Camembert
(voor 4 à 6 personen)
Bereidingstijd: ca. 10 minuten
Baktijd: enkele minuten

200 à 300 gram Camembert
1 ei
broodkruim
olie of frituurvet

1. Neem harde, onrijpe Camembert, snijd hem in puntjes en zet deze in de koelkast tot u ze gaat gebruiken. Verhit de olie of het vet in een frituurpan.
2. Wentel de kaas door losgeklopt ei en daarna door broodkruim. Laat de kaas even rusten, zodat het paneerjasje kan drogen.
3. Doe 2 à 3 stukjes kaas tegelijk in de hete olie, keer ze om met een schuimspaan en laat ze rondom goudbruin kleuren. Laat ze uitlekken op keukenpapier.
Serveer heet, met bleekselderijstengels.

TIP
Gepaneerde, maar nog niet gefrituurde Camembert kan worden ingevroren en blijft 1 à 2 maanden goed. Verpak elk stukje kaas apart. U hoeft ze voor het frituren niet te ontdooien: ze moeten alleen 2 minuten langer bakken.

Register

Aardbeien met amandelvla 33
Aardbeienmousse 33
Aardbeientaart, geglaceerde 15
Abrikozentaart 43
Amandelkaramel, parfait met 56
Amandeltjesrijst, mousse van 8
Ananas-mousse 11
Appel-amandeldessert 38
Appelcompote, feestelijke 37
Appeldessert, ouderwets 37
Appelkruimeltaart 38
Appelmoes 'taartjes' 34
Appelpastei 38
Appelpie met room 24
Appels, gekaramelliseerde 34
Appels met jam 34
Appels met schuimkop 36
Appels met veenbessen 36
Appels, verscholen 37
Appels uit de oven 34, 35

Bananen, gebakken 29
Bananen, geflambeerde 29
Bananenbeignets 28
Bananen-mousse 9
Bavarois, klassieke vanille- 13
Bramensorbet 19

Camembert, gefrituurde 63
Champagnesorbet 19
Chocolade-mousse, donkere 10
Chocolade-mousse, romige 10
Chocoladepudding 44
Chocoladesoufflé 55
Citroen-mousse 7
Citroenpie met schuimkop 24
Citroensorbet 18
Citroensoufflé 55
Crème karamel 47
Crème karamel in ringvorm 47
Crêpes Alaska 52
Crêpes Suzette 49

Druiven in wijngelei 16

Flensjes met abrikozen en
  likeurcrème 49
Flensjes met likeur, gevulde 52
Flensjes, sinaasappel- 52
Frambozen met sinaasappel-
  roomsaus 32
Frambozensorbet 19

Gedroogde vruchten 42-43
Gelatinepuddingen 14-17

Kaas-mousse 62
Kaas-taart 63
Karnemelkcrème 45
Karnemelkcrème met vruchten 45
Karnemelkmousse 44
Kersensaus 8
Kersensorbet speciaal 61
Kiwisorbet 18
Koffielikeur, mousse met 12

Marsepeintaart 21
Meloensalade 31
Meloensorbet 18
Mokka-mousse 7
Mousses 7-13

Noten-mousse 7

Pannekoekjes in sinaasappelsaus 50
Pannekoektaart, Russische 51
Parfait 56
Parfait met amandelkaramel 56
Parfait met likeur 57
Parfait met zwarte bessen 58
Peren in port 41
Peren, schuimtaart met 40
Perziken in gelei 17
Pie, diverse soorten 24-25
Pie met peren 25
Port-mousse 9
Pruimenkrans 43

Rabarber met een schuimkop 27
Rabarber, verscholen 26
Rabarbercompote 26, 27
Rabarberdessert, feestelijk 26
Rabarbersoep 26
Rode-wijngelei 14
Room-mousse in laagjes 10
Room-mousse met
  cognac-sinaasappelen 12
Roomsaus voor vruchtensalade 31
Roomwafels 51
Roomijs 56
Roomijs met peren en
  chocoladesaus 59
Roomijs, mokka-walnoot- 56
Rubinstein-taart 21
Rum-mousse met citroengelei 17

Rumpudding 44
Rijst met room 45

Savarin (basisrecept) 22
Savarin met aardbeien 23
Savarin met vruchtensalade 23
Savarin met ijs en karamelsaus 23
Schuimomelet 55
Schuimtaart met peren 40
Sherry-mousse 8
Sinaasappelen, gevulde 30
Sinaasappelflensjes 52
Sinaasappelgelei 15
Sinaasappelsalade, Spaanse 32
Sinaasappelsorbet 19
Sinaasappelsoufflé 55
Sorbets 18-19, 60-61
Soufflé Grand Marnier 55
Soufflés 55

Taarten 21

Vanile-bavarois, klassieke 13
Vanillepudding 44
Vruchten, gedroogde 42-43
Vruchtencompote 42
Vruchtensalade met port-crème 31
Vruchtensalades 30-31
Vruchtensaus 44
Vruchtensoep 43
Vruchtensoufflé 55
Vruchtentoetjes 32-33
Vijgen, geflambeerde 40

Wafels, Belgische 49
Wafels met kwarkcrème 51
Wafels, room- 51
Wentelteefjes 50
Wentelteefjes met noten 51
Wijngelei, rode- 14

Yoghurtmousse, bevroren 44

IJs 56-61
IJscoupe met meloen 60
IJscoupe met noten 61
IJscoupe met vruchten 61
IJsdessert met vruchten 58
IJstaart met noten en chocola 57

Zomervruchten met ijs 32
Zuidvruchten, puree van 42